Dietz Taschenbuch 49

Walter Michler

Somalia
Ein Volk stirbt

Der Bürgerkrieg und das Versagen des Auslands

Verlag J. H. W. Dietz Nachf.

Fotos: Guenay Ulutunçok
Karten: Ulrike Lohoff-Erlenbach

Meinen Freunden

Mustafa Y. Ismail
Nur Weheliye
und Willy Huber

gewidmet.

Die Deutsche Bibliothek – CIP-Einheitsaufnahme

Michler, Walter:
Somalia – ein Volk stirbt : Der Bürgerkrieg und das Versagen des Auslands / Walter Michler. – Bonn : Dietz, 1993
(Dietz-Taschenbuch ; 49)
ISBN 3-8012-3049-X
NE: GT

In der Raste 2, D-5300 Bonn 1
Lektorat: Martin Rethmeier
Umschlag: Manfred Waller, Reinbek
(Foto: Guenay Ulutunçok, laif)
Gesamtherstellung: Ebner Ulm

Printed in Germany 1993

Inhalt

Vorwort

Eine späte Kehrtwende ist immer noch besser als gar keine: Vor wenigen Tagen haben die ersten Einheiten einer internationalen Streitmacht somalischen Boden betreten. Mehr als 30 000 gutgerüstete Soldaten intervenieren, um ein sterbendes Volk vor seinem totalen Untergang zu retten. Ein richtiger Schritt, ohne Wenn und Aber. Ein Schritt auch, der eine Zeitenwende markieren sollte: Die militärische Intervention als Dienerin der Humanität und Menschenrechte muß zu den Grundpfeilern einer neu zu etablierenden Weltordnung gehören. Und wie immer bei Umbrüchen in der Weltgeschichte sperren sich viele mit oberflächlich beeindruckenden Schlagworten gegen das Neue. „Kolonialismus" und „Verletzung der Souveränität" sagen die einen, von „Überforderung der UNO" sprechen die anderen. Dabei verkennen sie, daß Kolonialismus immer Zerstörung gewesen ist. In Somalia und den anderen Bürgerkriegsregionen geht es aber gerade um das Gegenteil. Zerstörung soll gestoppt und Rahmenbedingungen geschaffen werden, damit neue Strukturen entstehen können. Und das Oberforderungsargument bewegt sich auf ähnlicher Ebene wie die Aussage, man müsse die Polizei abschaffen, nur weil die Verbrechen zunehmen.

„Restore Hope", das militärische Eingreifen der Weltgemeinschaft um die hungernden Somalis vom Tod zu bewahren, kommt spät, zu spät. Abertausende – wir werden nie wissen, wie viele – sind zu Opfern der Gewissenlosigkeit unserer Politik und Medien geworden. Schon vor mehr als vier Jahren begannen Krieg, Anarchie und Sterben in Somalia. Mit dem Sterben des somalischen Volkes meine ich nicht nur den physischen Tod Unzähliger. „Sterben" bedeutet auch, daß ein Volk keine Lebensgrundlage mehr besitzt, daß für Millionen keine Hoffnung mehr auf eine menschenwürdige Zukunft besteht. Nein, direkt gemacht haben wir diese apokalyptische Katastrophe nicht, aber daran mitgestrickt. Dem alten Diktator haben wir Waffen geschenkt und verkauft; als er sie dann einsetzte, wandten wir uns ab.

Schauen Sie sich nur eines dieser Bilder von den Horror-Hunger-Kindern einmal wirklich an, fünf oder gar zehn Minuten lang –: *Wir haben dieses Grauen zugelassen!* Die Katastrophe war rechtzeitig bekannt, spätestens vor einem Jahr. Aber es geschah nichts. Obwohl die ganze Wertetradition des Abendlandes uns *verbietet*, angesichts solcher Ereignisse tatenlos zu bleiben. Weder die Afrika-Abteilungen unserer Ministerien noch unsere Politik und Medien reagierten. In Afrika wird ohnehin massenweise gestorben, das ist längst schon eine als Naturgesetz akzeptierte Tatsache. Soll man sich denn da über ein paar zusätzliche Tote in Somalia aufregen? Dennoch bleibt die Frage nach Konsequenzen: Müßten nicht diejenigen, die vor Monaten Berichterstattung und Hilfsgüterflüge abgelehnt haben, ihre Versorgungs-Sessel räumen?

Während die Amerikaner fast 30 000 Soldaten nach Somalia schicken, streitet Bonn – in kleinkariertem Dorfgeist befangen – über die Entsendung von ein paar Bundeswehrsanitätern. Vermutlich wird man sich nach den überflüssigen Debatten dazu doch noch durchringen. Für Bonn ist es eben eine gewaltige Kraftanstrengung, den Amerikanern jetzt auch in Sachen Humanität zu folgen. So kann denn nicht mehr überraschen, daß der Wirtschaftsriese Deutschland für die somalische Problemlösung keinen politischen Handlungsvorschlag besitzt. Konzepte, die über Europa hinausgehen, sind nicht Sache und Metier dieser Denker-Nation. Im endlosen Blick auf sich selbst konzentriert, ist unsere politische Elite dabei, die angebrochene Zeitwende zu verschlafen, statt sie aktiv mitzugestalten. Denn in Somalia steht nach der militärischen Intervention noch eine weitere weltgeschichtliche Weichenstellung an. Die UNO muß die *Treuhandschaft* übernehmen, damit die Wiedergeburt Somalias – in welcher Form auch immer – möglich wird. Bei dieser Treuhandschaft *können* die in Somalia hoch angesehenen Deutschen eine führende Rolle übernehmen. Somalias Tote sollten wenigstens dazu den Anstoß geben, ein Vermächtnis somit auch für das sterbende Mosambique und Liberia sowie den Südsudan.

Lese- und Benutzerhinweise

Dieses Buch besteht aus drei Teilen. Jedes dieser Hauptkapitel ist für sich allein verständlich, d. h., Sie können Ihr Lesen auch mit dem Sachtext in Teil 2 beginnen. Wegen dieser Konzeption waren einige Wiederholungen nicht zu vermeiden. Die Darstellung der chronologischen Entwicklungen im dritten Teil enthält zahlreiche Informationen, die zuvor nicht erwähnt sind. Bitte beachten Sie die Fußnote am Beginn der „Reportage“.

Die Begriffe „im Dezember 1992“ oder „im Jahr 1992“ beinhalten alle Entwicklungen bis zum 13. Dezember 1992. Reaktionen aller Art sind willkommen: Bitte schreiben Sie mir über die Verlagsadresse.

Walter Michler, Schwalbach/Saar 14. Dezember 1992

Somali ha Noolato
Es lebe das somalische Volk

Karte 1
Das Horn von Afrika

Somalia: Grunddaten und Basisinformationen

Fläche:	638 000 km² (BRD: 357 000)
Einwohner (1990):	7,8 Mio. (Quelle: Weltbank)
Bevölkerungsdichte:	12 Einw./km² (BRD: 223)
Jährliches Bevölkerungswachstum:	ca. 3 %
Prognose für 2025:	21 Mio. Einwohner
Mogadischu:	vor Kriegsausbruch über 1 Mio. Einwohner
Analphabeten (1990):	ca. 75 % der erwachsenen Bevölkerung
Religion:	Islam ist Staatsreligion (Sunniten, schafiitische Richtung)

Bevölkerung: ethnisch homogen; über 95 % Somalis, die sich – je nach Definition – in 40 bis 100 Hauptclans, Clans und Subclans aufteilen (siehe S. 78). Es gibt zwei große Abstammungslinien: die nomadisierenden Samaale (= Mehrheit) und die seßhaften Sab; die Samaale-Hauptclans sind: Darod, Hawiye, Dir und Issak; die Sab bestehen aus den beiden Hauptclans der Digil und Rahanwein. Somalis leben auch in Dschibuti, im Osten Äthiopiens (Ogaden) und im Norden Kenias (zahlreiche kriegerische Konflikte um die Wiedervereinigung aller Somalis). Einheitliche Sprache „Somalisch" (lateinische Schriftform), daneben Italienisch, Arabisch und Englisch als Verkehrssprachen.

Kolonialismus: Gegen Ende des 19. Jahrhunderts enstehen die beiden Kolonial-Territorien Britisch-Somaliland und Italienisch-Somaliland (Britisch-Somaliland ist identisch mit dem heute abgespaltenen Nordteil Somalias). Am *1. 7. 1960* werden die beiden Gebiete vereinigt und unabhängig.

Ressourcen: Ausbeutung von Bodenschätzen findet praktisch nicht statt. – Über die ackerbaulich nutzbare Fläche gibt es äußerst unterschiedliche Angaben; ihr Anteil an der Gesamtfläche dürfte sich auf schätzungsweise zehn Prozent belaufen. Dieses Potential wird jedoch nur zum kleineren Teil genutzt; würde es voll ausgeschöpft, könnte Somalia mehr als seine eigene Bevölkerung ernähren. Etwa 90 % des Territoriums bestehen aus Trockensavannen und Halbwüsten, in denen – wenn überhaupt – nur ausgedehnte Viehwirtschaft möglich ist. Etwa die Hälfte der Bevölkerung sind Nomaden oder Halbnomaden (Viehbestand, 1988, geschätzt: insges. 45 Mio., Kamele, Ziegen, Schafe, Rinder). Jedoch ist auch die städtische Bevölkerung nach wie vor von der nomadischen Tradition und Wertekultur geprägt. – Als fruchtbar und produktiv gelten die beiden Flußtäler des Juba und Shebelle.

Legende zu Karte 1

→→→	strategisch wichtige Öltanker-Route
———	ganzjährig befahrbare Straßen
Berbera	ehemals wichtiger Stützpunkt der Supermächte
▒	Gebiete außerhalb Somalias, in denen neben anderen Bevölkerungsgruppen auch Somalis leben (mit unterschiedlichen Anteilen an der Gesamtbevölkerung).

Karte 2
Somalia – Vegetation und landwirtschaftliche Nutzung

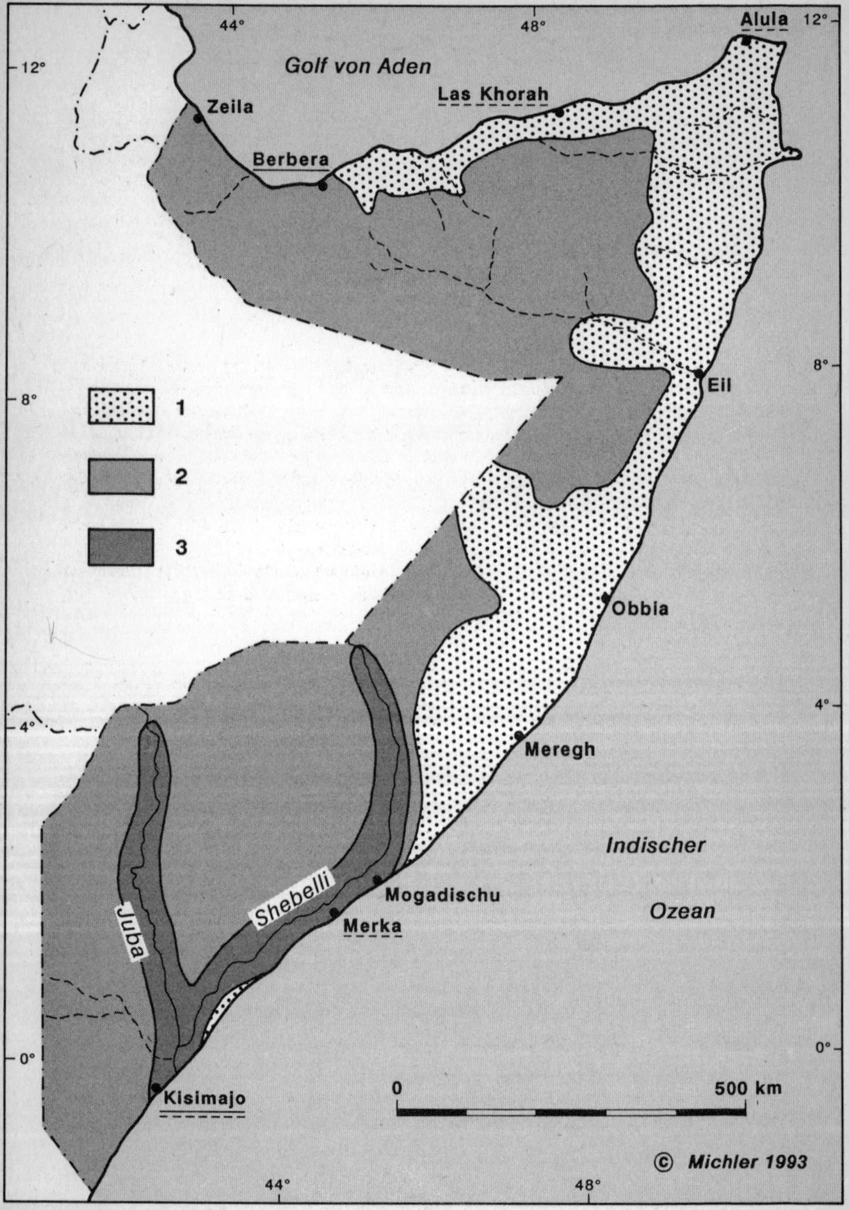

Bruttosozialprodukt (1990):	ca. 930 Mio. US-Dollar
Bruttosozialprodukt pro Kopf (1990):	120 US-Dollar
Zum Vergleich BRD/West (1990):	22 320 US-Dollar (= 186mal soviel)
Exportgüter:	Lebendvieh, Bananen, Häute und Felle
Exporte (1990):	130 Mio. US-Dollar
Importe (1990):	360 Mio. US-Dollar

Handelsdefizit typisch für die 80er Jahre; Importe der BRD aus Somalia Ende des 80er Jahrzehnts ca. 1 Mio. DM, Exporte der BRD nach Somalia im gleichen Zeitraum knapp 50 Mio. jährlich.

Verschuldung (1990):	2,35 Mrd. US-Dollar
Verschuldung in % der Exporterlöse (1990):	2 600 % (150 % werden als ökonomisch vertretbar angesehen)

Entwicklungshilfe (10 Jahre: 1981–90):	4,246 Mrd. US-Dollar
Entwicklungshilfe 1990:	428 Mio US-Dollar (54,8 US-Dollar pro Kopf der Bevölkerung)
Anteil der Entwicklungshilfe am Bruttosozialprodukt 1990:	46 %
Entwicklungshilfe der BRD (1960–1990):	1,214 Mrd. DM
Humanitäre Hilfe der BRD: (Stand Anfang Dezember 1992)	45,53 Mio. DM (1992) (1991: 9,83 Mio. DM)

(Ohne BRD-Anteil an EG-Hilfe, die allerdings nicht durch direkte Zahlungen der Mitgliedsländer an die EG finanziert wird, sondern per Mehrwertsteuer-Anteil.)
In den 45 Mio. sind 7,2 Mio. DM für die Bundeswehr-Luftbrücke enthalten. Die Leistungen der Bundeswehr werden zu kommerziell-ähnlichen Bedingungen in Rechnung gestellt.

Legende zu Karte 2

1	Wüsten- und Halbwüstengebiete sowie Steppen: Hirtennomaden, ausgedehnte Weidewirtschaft (Kamele, Rinder, Ziegen und Schafe)
2	Offene Busch- und Baumsavanne, gemischte Weide- und Feldwirtschaft (Mais, Maniok, Hirse)
3	Flußtäler des Juba und Shebelli: Bewässerungswirtschaft, seßhafter Ackerbau und cash-crop-Anbau (vor allem Bananen, Zuckerrohr, Baumwolle, Reis) Das Potential dieses – relativ dicht besiedelten – Gebietes allein wäre ausreichend zur Ernährung des gesamten Landes.
Berbera	Hafenstädte
Alula	Fischereihäfen

Quelle: Atlas der alten Kulturen: Afrika, München 1981

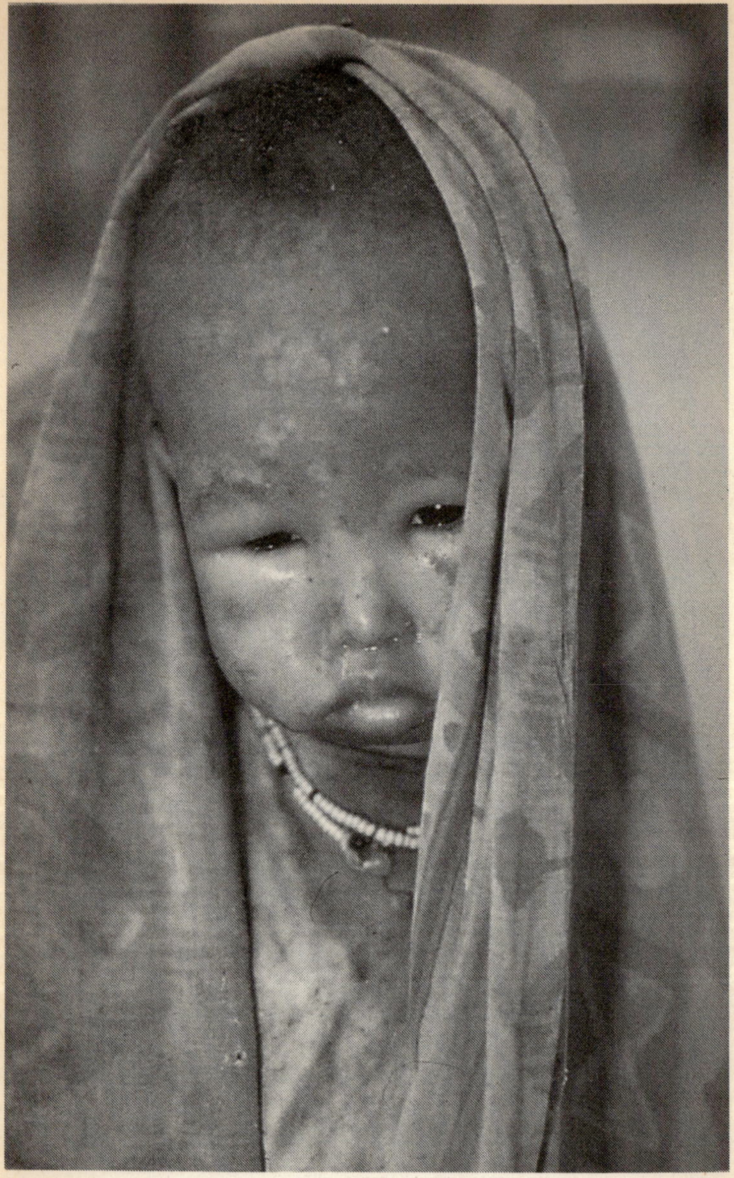

„Schwarze Tote zählen weniger“ Dokumentarische Reportage über den Bürgerkrieg in Somalia*

Coriolei, Februar 1992, im Landesinneren Somalias: Um mich ein Menschengewühl Hunderter Flüchtlinge, ich knie vor einer in Lumpen gehüllten Frau. Sie hat ihr weinendes Kind vom Schoß genommen, hält es mir nackt entgegen, ein Skelett. „Sieh es dir genau an, das ist meine Tochter, neun Monate alt.“ Neun Monate, aber nicht größer als eine Frühgeburt. Ein Gerippe aus zerbrechlich dünnen Knochen, umschlungen von schlaffer, nur noch aus Falten bestehender Haut. Und dann der Kopf: Viel zu groß für den Mini-Körper, vor allem viel zu alt, uralt. Das Gesicht des Babys ist das einer Greisin, nur daß die Augen größer, weit aufgerissen sind. Chronischer Hunger war es, der das Antlitz der kleinen Asir zu dem eines uralten Menschen deformiert hat. Wenn du in ein solches Greisengesicht eines Kleinkindes blickst, erschrickst du dich bis ins allerinnerste Mark deines Selbst. Und auch das Weinen eines solch hilflosen Geschöpfes – sein letztes verzweifeltes Aufbäumen gegen den nahen, sicheren Tod – wirst du so schnell nicht vergessen.

Asir ist nur eines von Zehntausenden, eines aus einem unzähligen Heer von Kindern, die der Bürgerkrieg in Somalia schon Anfang 1992 entwurzelt, zu Flüchtlingen gemacht hat. Doch das bittere Weinen der somalischen Kinder sollte ungehört verhallen. Die Weltöffentlichkeit ist im ersten Halbjahr 1992 mit anderen Dingen beschäftigt: mit den Versorgungsengpässen in der ehemaligen Sowjetunion, mit der Zukunft der atombombenbestückten GUS-Staaten, mit dem Bürgerkrieg im weißen Jugoslawien, mit den Auseinandersetzungen in Berg-Karabach und Mol-

* Im Februar/März 1992 reiste ich mit meinem Kollegen und Freund Guenay Ulutunçok in die Bürgerkriegsgebiete Somalias. Nach meiner Rückkehr produzierte ich mehrere Rundfunksendungen für verschiedene Sender der ARD, den längsten Beitrag realisierte ich mit Günter Lösing vom Saarländischen Rundfunk. Diese 60-Minuten-Sendung (ausgestrahlt im April 1992) bildet den Grundstock dieser domkumentarischen Reportage, die ich um unveröffentlichte Aufzeichnungen erweitert sowie aktualisiert habe. Vornehmlich zwei Gründe veranlaßten mich, so zu verfahren: Erstens konnte ich bei meinem letzten Besuch in Somalia im September 1992 feststellen, daß sich – im Vergleich zu den ersten Monaten des Jahres – praktisch nichts verändert hatte. Zweitens sind meine Veröffentlichungen aus dem Frühjahr 1992 einer der vielen Belege, daß eigentlich alles rechtzeitig bekannt war. „Heute“, „gegenwärtig“ und ähnliche Zeitbegriffe im nun folgenden Text meinen also immer Februar/März 1992. Guenay Ulutunçok danke ich an dieser Stelle nochmals, daß er mir bei der „Reise durch ein Inferno“ ein Freund gewesen ist.

dawien. Da bleibt für den mörderischen Konflikt im „schwarzen“ Somalia keine Hinseh-Bereitschaft, keine Anteilnahme mehr übrig.

In Coriolei mißlingt mein erster Versuch, den – ebenfalls halb verhungerten – Vater der kleinen Asir nach den Gründen ihrer Flucht zu befragen: „Es waren schon einige von deiner Sorte hier, schon vor drei Monaten. Ihr filmt uns, ihr fragt uns, aber es kommt keine Hilfe. Eines meiner Kinder ist in diesem Lager schon verhungert. Aufnahmen, Interviews – verstehst du – brauchen wir nicht, wir brauchen etwas zu essen, etwas zu essen! Verstehst du das?“

Somalia ist knapp doppelt so groß wie das vereinigte Deutschland und zählt schätzungsweise sechs bis acht Millionen Einwohner. Bereits Anfang der 80er Jahre begannen die bewaffneten Auseinandersetzungen in diesem Land am Horn von Afrika. 1988 schließlich eskalierten sie zu einem Bürgerkrieg, der Schritt um Schritt das ganze Land überzog, ein Krieg auch, der mittlerweile den Staat Somalia schon auseinanderbrechen ließ. Diese Bilanz ziehen seine ehemaligen Bürger selbst. „Unser Land“, das höre ich bei meinen Reisen überall, „hat als Staat längst aufgehört zu existieren.“ Obgleich – oder auch weil – der Staat bereits vernichtet ist, dauert die Agonie seiner Bevölkerung noch an.

„Es kann alles noch schlimmer werden“, sagt mir Nur Weheliye im Februar 1992, „wenn die Waffen nicht sofort schweigen und Hilfe von außen kommt, ich meine Hilfe, die die Leute wirklich erreicht. Dann steht uns ein Katastrophen-Inferno bevor.“ Nur Weheliye war vor dem Bürgerkrieg Direktor im Planungsministerium Somalias. Dann ging er ins Exil nach Deutschland. Sein jetziger Aufenthalt sollte eigentlich nur ein Besuch sein. Er blieb dann aber, um mit anderen zwischen den Bürgerkriegsparteien zu vermitteln. Nur Weheliye muß um die Chancenlosigkeit dieser Bemühungen gewußt haben. Seine Prophezeiungen sind längst Wirklichkeit geworden, bestätigen sich seit Monaten schon – Tag für Tag. Erst zum Jahreswechsel 1992/93 – nachdem die internationalen Schutztruppen endlich eingetroffen sind – zeigt sich wenigstens ein Hoffnungsschimmer, daß das Sterben des somalischen Volkes gestoppt werden könnte.

Ich bin während verschiedener Reisen zum Augenzeugen dieses Todeskampfes geworden, habe das Leiden und Sterben des somalischen Volkes miterlebt, mit angesehen, wenn auch nur für kurze Zeit; war selbst etliche Tage lang gewissermaßen auch ein Gefangener dieses Bürgerkriegsinfernos gewesen, am angeblich so weit entfernten Horn von Afrika, das auf dem halben Weg zur Urlaubsidylle der Seschellen-Inseln liegt . . .

Doch wie immer bei meinen Reisen in die Kriegs- und Konfliktgebiete

Afrikas habe ich auch diesmal Glück gehabt: Bin in keinen Schußwechsel der tobenden Kämpfe geraten, auf keine Mine gefahren, nicht in die Fänge der zahlreichen Raubritterbanden geraten, keinem durchgedrehten Guerilla-Kämpfer in dessen Drogenrausch zum Opfer gefallen, auch dank des ständigen Schutzes meiner Bodyguards. „Glück" ..., ja ..., ja gewiß, so kannst du das nennen. Ja, so mußt du es selbst begreifen. Aber dennoch: Dieses Mal habe ich etwas abbekommen, mehr als sonst jedenfalls bei meinen zahlreichen Reisen in Staaten der sogenannten Dritten Welt und durch zahlreiche Konfliktgebiete: Zu Hause träume ich nachts immer noch von dem Inferno der sogenannten Krankenhäuser Mogadischus, von den kriegszerfetzten Menschen, die ich in ihrem eigenen Blut habe liegen sehen.

Und diesen Schock, den ich nach Europa mit zurückgebracht habe, dieses unterdrückte Trauma im Innern, das wir Berichterstatter gar nicht haben sollen – eben weil es die angebliche Objektivität vereitelt –, diese psychische Hinterlassenschaft meiner Somalia-Reisen läßt unbändige Wut, Abscheu und Verachtung in mir hochsteigen, immer dann, wenn ein Redakteur, eine Redakteurin mir sagt: „Es tut uns leid, aber Sie haben sich das falsche Thema ausgesucht: Somalia, das interessiert unsere Zuschauer, unsere Leser nicht. Somalia, das ist zu weit weg, nicht aktuell zur Zeit!" Und dieserart Kommentare habe ich nach meiner Rückkehr im Frühjahr 1992 oft gehört, zu oft. Ob von den „Tagesthemen" oder „Eins Plus", ob vom „ARD-Presseclub" oder von „RTL". Erstmals in 15 Jahren journalistischer Arbeit stieß ich auf unüberwindbare Mauern von Desinteresse und verlogener – weil geteilter – Humanität.

Mogadischu, Februar 1992, an einem Freitagabend: *Allahu-akbar*-Rufe dröhnen aus den krächzenden Lautsprechern der Casa-Populare-Moschee über kaum noch vorhandene Dächer einer zerstörten Stadt. Das heftige Geschützfeuer der letzten Tage ist verebbt. Denn am heiligen Tag der Muslime soll kein Blut fließen. Der „allmächtige Gott" des Propheten Mohammed wird hier in der Hauptstadt von jedem Einwohner verehrt: Schon seit Jahrhunderten ist Somalia ein islamisches Land.

In der Casa-Populare-Moschee Mogadischus begann 1989 der Widerstand der Hauptstadtbevölkerung gegen die Diktatur des Siyad Barre. Islamische Fundamentalisten gehörten zu den ersten treibenden Kräften offener Opposition. Bereits ein Jahr zuvor war der Krieg im Norden Somalias eskaliert – Potentat Siyad Barre setzte die ganze Macht der Armee ein, um die dortige Rebellion gegen sein Regime zu ersticken – mehrere Städte wurden zerbombt, 50 000 Menschen starben, 500 000 Nord-Somalis flohen ins benachbarte Äthiopien. Aber für Barre ging der Norden dennoch verloren; der Widerstand war stärker, das Ende seines Regimes damit eingeleitet. Die Weltöffentlichkeit freilich nahm von diesem ersten Höhepunkt des somalischen Bürgerkrieges keine Notiz. Und als ich den bereits gestürzten Siyad Barre auf die Ereignisse von einst anspreche, behauptet er: „Meine Regierung hat dieses Land aufgebaut, wir zerstörten nichts. Aber unsere Gegner, die zerstörten. Warum, warum haben sie nichts aufgebaut? Ich habe aufgebaut, geholfen, gedient, ich habe nicht getötet, niemals."

Mit ähnlichen – allerdings viel geschickteren – Wahrheitsverdrehungen hatte Siyad Barre, als er noch im Präsidentensessel saß, jahrelang das Ausland geblufft. Als Weltmeister der Überzeugungskunst in eigener Sache gelang es Siyad Barre immer wieder, Politiker aus Ost und West auf seine Seite zu ziehen. Was in der Regel Entwicklungshilfe, Waffenlieferungen und Unterstützung für die Polizei bedeutete. Die Bundesrepublik mit ihren 1,2 Milliarden Mark an „wirtschaftlicher Zusammenarbeit" ist da nur ein Beispiel. 1969 durch einen Putsch ins Präsidentenamt gekommen, machte Siyad Barre den Ost-West-Konflikt zur Trumpfkarte seiner eigenen Herrschaftssicherung. Zunächst diente er sich den Sowjets als unverbrüchlicher Freund an, was Moskau mit umfangreicher Militärhilfe ans strategisch wichtige Horn von Afrika belohnte. Dann kam die Kehrtwende zum Partner des Westens, was erneut mit Waffenlieferungen beantwortet wurde sowie mit – oftmals unbesehen vergebener – Entwicklungshilfe.

Ob gewollt oder ungewollt: Ost und West – das jedenfalls ist mittlerweile sicher – haben Siyad Barre beigestanden, sein Land mit einer Zementdecke der Diktatur zu überziehen. Eine Zementdecke, die viele unter sich begrub, aber auch ein Meer revolutionärer Energie und ein Meer von Gewaltbereitschaft unter sich ansammelte. Rund 650 Panzer und 130 Kampfflugzeuge – um nur zwei Beispiele zu nennen – erhielt der Potentat von seinen östlichen und westlichen Bündnispartnern. Wozu eigentlich und warum wurde dieses Waffenarsenal an einen der ärmsten Staaten der Welt geliefert, an einen Staat, in dem nur zehn Prozent der Kinder eine Schule besuchen konnten? Und warum wird niemand für die Lieferung dieses Kriegsgerätes zur Verantwortung gezogen? Ja, warum werden nicht einmal solche Fragen öffentlich gestellt?

Als der Ost-West-Konflikt zu Ende ging, als die Perestroika auch in Schwarzafrika zu einem „Wind of Change", zu einem Sturm des Wandels, gedieh, mußte Siyad Barre den zahlreichen bewaffneten Oppositionskräften weichen – Ende Januar 1991 floh er aus der Hauptstadt.

Mehr als zwanzig Jahre Diktatur schienen beendet, auf einer Nationalkonferenz aller Anti-Barre-Gruppierungen sollte die politische Neugeburt Somalias eingeleitet werden.

Mogadischu: Beirut hoch drei Schwarzafrikas

Nach tagelangem Hetzen von einem Office zum anderen und ebenso mühevollen Diskussionen in Nairobi ist es Guenay und mir gelungen, endlich einen Platz in einer kleinen Maschine nach Mogadischu zu ergattern. Alle offiziellen Flüge in das umkämpfte Somalia sind seit Monaten eingestellt. Ein Land von der doppelten Größe Deutschlands hat sich von der Staatengemeinschaft abgekoppelt: keine Verkehrsverbindungen mehr, keine Post- und keine Telefonkommunikation mehr, der offizielle Im- und Export zusammengebrochen, alle Botschaften aufgelöst. Willy Huber, der in Nairobi ansässige Ostafrikareferent der Hilfsorganisation SOS-Kinderdorf, hat uns die beiden Plätze in der Maschine besorgt. Die zweimotorige Cessna fliegt mehrmals in der Woche Hilfsgüter – überwiegend Medikamente – nach Mogadischu. Eine knappe Tonne nimmt sie dabei meist an Bord. Jetzt, weil wir mitfliegen, 200 Kilo weniger. Kurz vor Mogadischu erhält der Pilot Funkkontakt mit dem Flughafen. Zwar ist das Radar des Airports zerstört, aber der Sprechverkehr funktioniert noch. So erfahren wir denn wenigstens, daß es am Flughafen ruhig ist und wir landen können.

Die auf einer Landzunge direkt am Meer liegende Asphaltpiste ließ der Krieg unversehrt. Es ist ein herrlicher Frühlingstag, die Luft heiß und schwül. Die Buchstaben „WELCOME" prangen immer noch am Flughafengebäude, dessen Glasscheiben alle zu Bruch gegangen sind und dessen Mauern Einschüsse von Maschinengewehrsalven tragen. Als Guenay fotografieren will, läuft einer der herumstehenden Bürgerkriegskämpfer auf uns zu, bringt seine Maschinenpistole in Anschlag und zielt auf Guenay. Ahmed vom SOS-Kinderdorf, Willy Hubers Stellvertreter in Mogadischu – der gerade angekommen ist um uns abzuholen –, ruft völlig gelassen einige Worte auf somalisch hinüber. Der Typ läßt sein Gewehr sinken, dreht sich um und geht. Später erzählt mir Ahmed, er habe ihm klargemacht, daß auf diese Weise keine 20 Dollar bei uns zu holen seien.

Straße und Häuser auf dem Weg vom Flughafen in die Stadt machen nicht den Eindruck, daß man sich in das Beirut Schwarzafrikas hineinbegibt. Keine größeren Zerstörungen, nur wenige Gebäude tragen Gewehreinschüsse, ansonsten alles „typisch afrikanisch": viele Fußgänger auf der Straße, altersschwach dahinkriechende Lastwagen, Eselskarren, Händler-, Imbiß- und Teestände. Ein zunächst ganz friedliches Bild, wären da nicht die vier Bodyguards mit Maschinenpistolen in unserem VW-Bus, wären da nicht die Gewehre, die links und rechts aus den Fenstern jedes Autos ragen, das uns entgegenkommt. „Ohne Waffe", sagt Ahmed, „kannst du dich in diesem Land nicht mehr bewegen, ohne Gewehr bist du verloren." Wir fahren nicht ins Stadtzentrum hinein, sondern auf einer Umgehungsstraße zum SOS-Kinderdorf Mogadischus. Zu dessen Schutz hat Willy Huber übrigens eine kleine Privatarmee von 60 Mann angeheuert. Als wir die nördliche „Tangentiale" erreichen, beschleunigt unser Fahrer auf über 80 Stundenkilometer. „Je schneller du hier fährst, desto geringer ist das Risiko, in einen Schußwechsel zu geraten." Jetzt hat sich das Bild verändert. Die kleinen Fabriken und Betriebe auf beiden Seiten der „Tangentiale" sind vom Krieg gezeichnet: Granateneinschüsse, Brandspuren, geborstene Dächer, nirgendwo ist auch nur mehr eine Notproduktion im Gange.

Gewaltbremsung an einem Kontrollpunkt, den einige Kämpfer des Bürgerkriegsgeneral Aideed gerade eingerichtet haben. Jugendliche Gestalten mit Gewehren vor der Brust und Eierhandgranaten am Gürtel umringen unseren Bus. Was die Burschen am Leib tragen, hat nichts mit der Uniform einer Armee gemein, entspricht vielmehr dem Aussehen einer verkommenen Räuberbande. Kurzer Wortwechsel zwischen Ahmed und ihrem Anführer. Ahmed gibt einige in Klarsichtfolie verpackte Medikamente heraus. Wir können die anderen haltenden Autos umfahren und unseren Weg fortsetzen. Bis zum SOS-Kinderdorf müssen wir noch mehrere solcher Kontrollpunkte überwinden. Das hohe Ansehen der SOSler bewahrt uns vor Gepäckfilzungen und Dollarzahlungen. Das Kinderdorf sowie die angeschlossene Schule und Mutter-Kind-Station erleben wir sogleich als eine Oase. Im Kontrast zu den Ruinenfeldern entlang der Umgehungsstraße gibt es hier sogar einen bewässerten Garten mit grünen Bäumen und blühenden Blumen.

Während unserer ersten Nacht in Mogadischu liege ich stundenlang wach: Unten in der Stadt wird unablässig geschossen, Geschützdonner, Raketenfeuer, Maschinengewehrsalven. Mehr als ein Jahr nach dem Sturz Siyad Barres haben sich die Hoffnungen auf eine politische Neugeburt des geschundenen Landes längst als Fata Morgana erwiesen; zerplatzt und zunichte gemacht durch den „USC", den „Vereinigten Somalischen Kongreß".

Dieser USC hatte als einzige Bewegung in der Hauptstadtregion gegen das Barre-Regime gekämpft. Die anderen Anti-Barre-Kräfte agierten im

Süden und in den nördlichen Landesteilen. Der Vereinigte Somalische Kongreß errang den direkten Sieg gegen den Diktator, einen unvollkommenen zwar, denn Barre konnte durch Flucht entkommen. Danach verließ der USC die gemeinsame Front der Anti-Barre-Gruppen und wollte die Macht allein übernehmen: in Mogadischu und in ganz Somalia. Doch dagegen setzten sich die ursprünglichen Bündnispartner des USC zur Wehr und zogen erneut in den Krieg. Dieser erste Bürgerkrieg der Nach-Barre-Ära und die beiden, die ihm folgten, haben Mogadischu zu einem Super-Inferno gemacht, schlimmer als du es dir mit allen Anstrengungen deiner Phantasie ausmalen kannst, schlimmer als Beirut zu seinen schlimmsten Zeiten, schlimmer als Ossijek im ehemaligen Jugoslawien oder zuvor Temeszvar in Rumänien.

Wir fahren jetzt durchs innere Zentrum der Hauptstadt, durch jenen Stadtteil, in dem Präsident und Parlament ihren Sitz hatten, in dem früher Banken und Hotels residierten, wo sich auch die deutsche Botschaft befand. Vor dem Sturz Siyad Barres zählte Mogadischu übrigens weit über eine Million Einwohner.

Wir, das sind zunächst einmal unsere vier Bodyguards, jene vier mit Maschinenpistolen bewaffnete Leibwächter, die uns am Flughafen abgeholt haben und die während der ganzen Zeit unseres Aufenthaltes in Mogadischu an unserer Seite sind. Denn ohne bewaffneten Begleitschutz kann sich hier niemand auch nur einen Schritt bewegen, selbst die Einheimischen nicht. Zwei Kollegen, die diesen Aufwand satt hatten, wurden gestern ausgeraubt: Auto weg und das ganze mühsam gedrehte Filmmaterial. Außerdem sind noch mit von der Partie unser schon zum Freund gewordener Ahmed von „SOS" sowie Dahir Salad Hassan. Dahir ist in diesem Stadtteil unser offizieller Begleiter; er gehört zu einer der beiden großen Bürgerkriegsfronten Mogadischus, zu derjenigen des Generals Aideed. Dahir hatte in Deutschland Chemie studiert und war im Nebenjob an der Ausbildung deutscher „Experten der Entwicklungszusammenarbeit" beteiligt. Warum er sich auf die Seite Aideeds geschlagen hat, sollte mir auch nach etlichen Gesprächen mit ihm unklar bleiben. Auf jeden Fall ist er zu einem guten „Presseoffizier" des Generals geworden, den er bewundert, ja fast verehrt. Ahmed vom SOS-Kinderdorf hat demgegenüber mehr die menschliche Betreuung der beiden „Weißfarbigen" – wie die Europäer hier genannt werden – übernommen, und dies heißt vor allem: Durch ständige Begleitung dafür sorgen, daß ihnen nichts passiert. Hierzu gehört auch, daß er uns als Gäste im SOS-Kinderdorf aufgenommen hat, denn alle Hotels der Hauptstadt liegen längst in Schutt und Asche. Diese Herberge hat für uns den zusätzlichen Vorteil, daß wir bis tief in die Nacht hinein Gespräche führen können, mit Ahmed und den anderen dort lebenden Somalis. Sie und Dahir helfen uns, im Chaos dieser Stadt wenigstens ein bißchen durchzublicken.

Im Ruinenfeld Mogadischus

Wir haben mit unserem SOS-VW-Bus jetzt die längst verlassene deutsche Botschaft erreicht. Die Hinterfront des Gebäudes hat einen Treffer abbekommen, ein Loch von über zwei Meter Durchmesser klafft in der Fassade, das Innere ist leergeplündert, über das Botschaftsschild wurde „U-S-C" gesprüht, der deutsche Wappen-Adler hängt unversehrt über dem Eingang an der Vorderfront. Vor zehn Jahren war ich in diesem Gebäude mit viel diplomatischer Höflichkeit empfangen worden. Damals diskutierte ich mit Botschafter Martin Florin über den äthiopischen Angriffskrieg jener Tage gegen Somalia, den es in Wirklichkeit allerdings nie gegeben hatte. Doch dem Polit-Fuchs und Redekünstler Siyad Barre war es gelungen, weite Teile der westlichen Öffentlichkeit und Politik von der Tatsächlichkeit der Invasion zu überzeugen. Einer seiner vielen Zaubertricks, um sich ausländischer Unterstützung zu versichern.

Um die Ecke, in unmittelbarer Nachbarschaft der deutschen Botschaft liegt die „Villa Somalia", der ehemalige Präsidentensitz. Dort residierte Siyad Barre; jahrelang gut geschützt von einer Garde, die die Deutschen in GSG-9-Manier gedrillt hatten. Letzteres war Teil der deutschen Danksagung an den Alleinherrscher für die Befreiung einer gekaperten Lufthansa-Maschine im Jahr 1977. Siyad Barre hatte es der GSG-9 erlaubt, die auf dem Flughafen Mogadischu festsitzende Boeing zu stürmen. Seitdem haben deutsche Politiker aller Parteien immer wieder von einer besonderen Solidaritätsverpflichtung der BRD gegenüber Somalia gesprochen. Damit war allerdings Schluß, als der Diktator gestürzt war.

Die Villa Somalia hat etliche schwere Treffer erhalten, die Mauern sind mit Maschinengewehreinschüssen übersät. Auf dem Boden liegen überall Haufen von Geschoßhülsen, so als sei der Kampf um die letzte Bastion des alten Regimes gerade erst zu Ende gegangen. An der Einfahrt einige herumlungernde Kämpfer des Bürgerkriegsgenerals Aideed, die hier Wache schieben. Zu bewachen gibt's freilich nur noch das Gemäuer, die Kostbarkeiten des Inneren sind längst weggeschleppt. „Von der Bevölkerung", wie Dahir erzählt, „die haben kein Blatt Papier mehr zurückgelassen."

Der ehemalige Präsidentensitz Villa Somalia liegt auf einem kleinen Hügel im Zentrum Mogadischus; vor hier aus kann man einen Teil der

Stadt überblicken: Es ist ein herrlicher Frühlingstag, schon um die vierzig Grad heiß, der Himmel tief blau; gleißendes Sonnenlicht überstrahlt die weiß getünchten Häuserzeilen – oder das, was noch von ihnen übriggeblieben ist. Geblendet von diesem grellen Licht und seinen Widerspiegelungen kannst du die vielen – etwas weiter entfernten – Kriegsschäden gar nicht mehr richtig erkennen. Den früher hektischen Verkehr mit all seinem Gedröhn und Gehupe hat der Bürgerkrieg aus diesem Teil verbannt: eine eigenartige Idylle, trotz des gelegentlichen Geschützfeuers in der Ferne ... Ich denke zurück an meine Besuche vor dem Krieg: Mogadischu war zwar keine moderne Großstadt, aber doch eine pulsierende Metropole – wie es im südlichen Italien etliche gibt – mit den ganzen Tag über gefüllten Cafés und Straßenrestaurants, mit gastfreundlichen Einwohnern, deren Charme und Gelassenheit einen die unerträgliche Hitze beim Sommerbesuch vergessen ließ. Hartmut Strohmaier, der zu jener Zeit als Arzt in Somalia arbeitete, erzählte mir damals: „Die Menschen, die man hier trifft, bleiben zwar durch die fremde Sprache und die andersartige Kultur Fremde, faszinieren aber durch ihre Art, wie sie miteinander umgehen, wie sie auch mit den Weißen umgehen. Die Ausstrahlung und die Schönheit der Frauen und Männer, die auf Marktplätzen und in Hütten oder in Wellblechbaracken anzutreffen sind, ist unerschöpflich und unermeßlich. Natürlich kann das nur eine Ahnung sein, die man von diesem Land hat, nie ein Wissen. Aber die Ruhe, diese starke Ruhe, die diese Menschen in ihren Gesichtern tragen, diese Ruhe, mit der sie über den Markt gehen, sich gegenseitig begrüßen und Waren auswählen. Und diese Ruhe, die man eigentlich überall spürt und nicht nur als Ausnahme spürt, die macht einen doch nachdenklich ... Das Erstaunlichste für einen Europäer wie mich war, daß Würde oder Anmut mit Reichtum sehr wenig zu tun hat."

Vom Präsidentenhügel fahren wir jetzt durch einige Querstraßen langsam hinunter zum alten Parlament, wo 1960 die Unabhängigkeit gefeiert wurde und die italienischen Kolonialherren ihre Amtsgeschäfte an eine demokratische Regierung nach westlichem Muster übergaben. Dahir erinnert sich an jene Geburtsstunde seines Staates, als er – ein kleiner Junge noch – mit Begeisterung den Reden der Politiker lauschte: „So wie es mit den meisten Kindheitsträumen geht", sagt er dann, „ist aus meinen Hoffnungen von damals nichts geworden."

Im Stadtteil zwischen Villa Somalia und altem Parlament haben wohl die etwas besser Betuchten gewohnt. Die meisten Häuser sind zerstört; ob im Kampf gegen Barre oder im Bürgerkrieg danach, weiß selbst Dahir nicht. Und jene Gebäude, die vom Geschützfeuer verschont blieben, fielen anschließend den plündernden Banden zum Opfer. Diese Raubritter des untergehenden Somalias machen immer ganze Sache: Wenn sie ihr Geschäft betrieben haben, stehen nur noch die Außenmauern. Dann ist das Blech- oder Ziegeldach weggeschleppt, dann sind Türen und Fensterrahmen demontiert, Elektrokabel und Wasserleitungen aus den Wänden gerissen und das Innere leer wie ein sauber abgewischter Tisch. Es ist schon eine logistische Meisterleistung besonderer Art gewesen, mit dieser Gründlichkeit Abertausende von Privathäusern und Regierungsgebäuden bis auf das Nichts zu plündern. Freilich muß es auch effiziente Vermarktungsstrukturen geben, damit sich die gigantischen Räubereien tatsächlich lohnen. Würden viele Somalis nur in anderen Dingen eine solche Effizienz an den Tag legen ...

Aufgeschüttete Gräben am Straßenrand, Hunderte Meter lang, fallen mir auf. „Erster Wiederaufbau?" – „Nein", sagt Dahir, „das waren die Plünderer. Sie reißen die Telefon- und Elektrokabel aus dem Boden." – „Und warum?" – „Weil sie das Kupfer auf dem Markt verkaufen, Kupfer ist so etwas wie eine Ersatzwährung geworden. Diese Banden sind die Eiterbeule Mogadischus, Anarcho-Typen, die alles verwüsten, was der Krieg noch unbeschädigt ließ." Nur Weheliye berichtet mir später, daß es auch unzählige „Auftrags-Plünderungen" gegeben hat. Einer der vielen „warlords" – der unbekannten Kriegsherren Mogadischus – beauftragt eine Gang, eine bestimmte Fabrik leerzuplündern. Das Diebesgut wird dann nach Äthiopien oder mit Kuttern über See in die arabischen Staaten geschafft. Anschließend wird der Erlös geteilt und fließt teilweise in die Finanzierung des Krieges; oftmals wird auch direkt getauscht: gestohlene Druckmaschine gegen Maschinengewehre. Ferner versichern mir viele Gesprächspartner, daß auch Aideeds Kämpfer in die Plünderungen verstrickt sind. Wie sonst – außer durch Plünderungen – sollen denn die Kampfparteien ihre Kriegsführung und ihren Lebensunterhalt bestreiten?

Das alte Herz der Stadt ist entvölkert, die meisten Einwohner – Zehntausende also – flüchteten, nur wenige blieben. Einige Kämpfergruppen lagern in den verlassenen Straßenzügen. An den Kreuzungen verlangsamt Yusuf, unser Fahrer, jedesmal auf Schrittempo: Die vier Leibwächter halten dann ihre entsicherten Maschinenpistolen aus dem Fenster, um sofort schießen zu können, falls sich in einem der Häuserblocks doch noch ein „Feind" versteckt hält.

Eines Generals Kampftruppen: „betrogene“ Schreckensherrscher

Als wir am alten Parlament ankommen, dröhnt mächtiges Geschützfeuer von einem dahinterliegenden Gebäudeblock; aus den engen Gassen der Umgebung hallt zigfaches Echo, so als ob ein großer Kampfverband gerade anrückt. In der Seitenstraße, die rechts am Parlament vorbeiführt, schlägt ein Geschoß ein und wirbelt einen dichten Staubnebel zu uns herüber. Ich habe an der Mauer des Parlamentsgebäudes Schutz gesucht und halte mir die Ohren zu. Mein ganzer Kopf schmerzt vom Artillerie- und Maschinengewehr-Stakkato. Nur 100 Meter von hier verläuft die Frontlinie. Die am Parlamentsplatz stationierten Kämpfer Aideeds bringt das Geballer von der anderen Seite nicht aus der Ruhe. Schließlich wird es einem von ihnen doch zuviel. Er rennt an einen Mauervorsprung und feuert von dort eine kleine Rakete ab. Danach endet der Spuk. Aber es beginnt sofort ein zweiter. Einige der Kämpfer regen sich ungeheuer auf, weil Gueney fotografiert hat und wollen ihm die Kamera aus der Hand reißen. Dahir kann das zwar verhindern, worauf sich die Wut gegen ihn richtet. Es wird hin und her geschrien, wild gestikuliert, gerempelt. Daß Dahir ein Mann aus ihrer eigenen Bewegung ist und sogar von seinem Rang her über ihnen steht, interessiert sie überhaupt nicht. Ich denke an die Disziplin der eritreischen Guerillakämpfer, die ich oft besucht habe. Auch bei den Polisarios im Westen des Kontinents würde so ein Verhalten wie hier niemals vorkommen. „Weißt du“, ruft Dahir zu mir herüber, „hier glaubt jeder, er sei sein eigener Boß. Deshalb führen sie sich so auf.“

Später erzählt er mir allerdings, daß auch „Kat“ im Spiel war. Kat ist so etwas wie eine Soft-Droge, eine ziemlich gefährliche allerdings. Die Blätter dieser in Äthiopien und Kenia wachsenden Pflanze werden stundenlang gekaut und im Mund behalten. Jeder Somali, der etwas auf sich hält, macht das, Tag für Tag, nachmittags beginnend. Der Kausaft aus den Katblättern entfaltet eine Rauschwirkung, die Müdigkeit und Hunger verdrängt, aber auch Angstgefühl und Risikoeinschätzung: Geradezu ideal also für diejenigen, die in den Krieg geschickt werden. Selbst als keine Flugzeuge mit Medikamenten und Nahrungsmitteln nach Mogadischu mehr durchkamen – die Kat-Maschinen sind immer irgendwo am Stadtrand gelandet. Ohne Kat funktioniert gar nichts in Somalia, auch der Krieg nicht. Da der Streit zwischen den Kämpfern und Dahir nicht endet, habe ich etwas Zeit, mich umzuschauen. Neben dem Parlament ist ein mehrstöckiges Gebäude zusammengeschossen worden und teilweise eingestürzt. Das gegenüberliegende Shebelli-Hotel ist vom untersten bis zum obersten Stockwerk völlig ausgebrannt; etliche Teile der Außenmauern sind herausgebrochen, so daß nur ein Hochhaus-Skelett übriggeblieben ist. Ähnlich sieht es im ganzen Umkreis aus. Ich gehe zu einem alten Panzerspähwagen, der vor dem ehemaligen Parlament steht. Er ist russischer Bauart und bestimmt 30 Jahre alt. Das ist das schwerste Kampfgerät der hier stationierten Aideed-Truppe, die etwa 30 bis 40 Mann stark ist. Zwar sind auch einige Panzer, viele Geschütze sowie eine Unzahl von Raketengeschossen im Anti-Barre-Kampf und im Krieg danach eingesetzt worden. Aber dies alles sei nicht das Entscheidende gewesen, hat mir Dahir bereits versichert. Hier hat vielmehr der Kampf Mann gegen Mann das Geschehen bestimmt, vor allem aber das Fighten mit und auf dem „Kriegsgerät des Busches“, mit dem Guerillakampf-Jeep.

Die Kabinenaufbauten der Landrover und Jeeps – das ist bei allen Bürgerkriegsparteien gleich – haben sie mit Schneidbrennern in der Hälfte der Karosseriehöhe abgetrennt und die zweite Sitzbank entfernt. Auf der so entstandenen offenen Ladefläche haben sie dann schwere Maschinengewehre auf einem Dreibein aufgeschweißt, oft auch leichte Geschütze, kleinere Stalinorgeln oder Raketenwerfer. Mit diesen „Kriegsjeeps“ haben sie sich, als es noch gegen Barre ging, über Hunderte von Kilometern an die Hauptstadt herangekämpft, mit diesen Jeeps haben sie sich später, als der neue Bürgerkrieg im Gange war, Straße um Straße durch Mogadischu gekämpft, eine zerschossene Geisterstadt zurücklassend.

Irgendwann ist Dahirs Streit dann doch noch beendet, und wir fahren vom Parlament zur Rundfunkstation hoch. Dort begrüßen uns etwa zwölf, dreizehn Kämpfer mit Hochrufen auf den „USC“: „Lang lebe der Vereinigte Somalische Kongreß!“, skandieren sie immer wieder, einige mit hoch erhobenem Gewehr. Für den ausländischen Beobachter allerdings gibt es wirklich keinen Grund, gegenüber dem United Somali Congress auch nur einen Hauch von Sympathie zu empfinden. Denn dieser USC ist der Katalysator des heutigen Krieges, der tödliche Motor im somalischen Untergangsinferno.

Der USC gab den Anstoß zum ersten Bürgerkrieg nach dem Sturz Siyad Barres im Januar 1991. Eben weil er die Macht allein übernehmen wollte, weil er die anderen Anti-Barre-Bewegungen nicht an der neuen Regierung beteiligen wollte. Als dies endlich ausgestanden war, als der USC nach der ersten Welle des Krieges endlich einlenkte und die Kampfgenossen von einst an einer neuen Übergangsregierung beteiligte, da wurde der USC zum zweiten Desaster für das Land. Im Sommer 1991 zerbrach der USC – der nie ein wirklich „Vereinigter Kongreß“ gewesen war – in zwei feindliche Lager, in zwei Blöcke, die wie uralte Todfeinde gegeneinander in den Krieg zogen. Auf der einen Seite stand und steht Ali Mahdi, der Präsident der Übergangsregierung – auf der anderen Seite General Aideed.

Einer der Aideed-Kämpfer an der Rundfunkstation hat nach langem Zureden Dahirs in ein Gespräch mit mir eingewilligt. Dahir hat bereits herausgefunden, daß er weit im Innern Somalias – etwa 600 Kilometer von Mogadischu – geboren ist, als Sohn einer Familie, die seit Generationen mit ihren Herden bis tief in den Ogaden, den heutigen Osten Äthiopiens, gezogen ist. Er hat den Krieg auf Aideeds Seite von Anfang an mitgemacht. „Ja", er war dabei, als Aideed auf dem Landweg gegen die Hauptstadt vorrückte und Garnison um Garnison eroberte; „ja", er war auch bei der Erstürmung der Villa Somalia dabei, als sie im Kat-Rausch wie die Fliegen über die Schutzmauern des Präsidentenpalastes kletterten. Während dieser historischen Attacke hat es ihn dann auch erwischt, ein Geschoß traf ihn und riß ihm das rechte Bein ab. Daß er gegen Barre das Gewehr in die Hand genommen habe, könne ich noch verstehen. Aber warum er jetzt immer noch kämpfe, sei für mich unbegreiflich. „Weißt du", entgegnet er, „Ali Mahdi und seine Bande, die haben uns um die Früchte unseres Kampfes betrogen. Die haben die Ziele des USC verraten. Ali Mahdi ist ein Schurke, ein Hund. Der hat doch die letzte Regierung Siyad Barres ganz in sein Kabinett übernommen. Dagegen mußte ich wieder zur Waffe greifen." An diesem Punkt hat er teilweise recht. Zu Ali Mahdis Regierungsmannschaft gehören tatsächlich einige Berater und Funktionsträger des Barre-Regimes. Dieses Kabinett besteht jedoch nur aus Papier-Ministern. Denn in Somalia regieren seit Anfang 1991 der Krieg und die Banden, das Chaos und die Anarchie. „Wie lange wollen Sie denn noch weiter kämpfen?" – „So lange, bis alle Somalis wieder vereint sind. So lange werde ich meine Waffe nicht aus der Hand legen." – „Aber dieser Krieg zerstört doch alles, was Ihr Volk noch besitzt. Und dann die vielen Toten, die Flüchtlinge, die Hungernden!" Er lacht, lehnt sich zurück, schlürft an seiner Tasse mit süßem heißem Tee, kaut dann genüßlich sein Kat weiter: „Ich habe es doch gesagt: Wir sind betrogen worden, deshalb kämpfen wir weiter."

Die meisten Guerilleros General Aideeds stammen aus den ländlichen Regionen Somalias. Bevor sie das Kriegshandwerk aufnahmen, waren sie Nomaden, stolze und unabhängige Viehbesitzer, die immer schon ihre Herden mit dem Gewehr bewachten und verteidigten, die aber vor allem niemand anderen als sich selbst zum obersten Herrn hatten. Eine militärische Ausbildung haben sie nie erhalten, die konnte oder wollte auch der General nicht durchsetzen. Kein Wunder also, daß die Aideed-Kampftruppen ziemlich undisziplinierte Haufen sind. Außerdem hatten sie vor dem Krieg noch nie eine Großstadt gesehen; nach Mogadischu gekommen, waren sie also auch nach ihrem Sieg – psychologisch gesehen – immer noch in Feindesland. Und so verhalten sie sich auch.

Mit ihren „Kriegsjeeps" preschen sie wie Wahnsinnige durch die Stadt, auch durch jene Teile Mogadischus, die die Zivilbevölkerung noch nicht verlassen hat. Diese „Kampfmaschinen des Busches" sind längst zum Teil ihres Ichs geworden: In kleinen Gruppen auf den Ladeflächen der Jeeps stehend, die Hand am drohend aufgerichteten Maschinengewehr oder Geschütz, rasen sie durch die Straßen. Bremsen kennen sie nicht; alles, was sich ihnen entgegenstellt, wird hinweggefegt, auch wenn sie selbst dabei draufgehen ... Nein, „Befreier" sind diese Macho-Banden des Generals Aideed wirklich nicht. Aber für ihn sind sie äußerst effizient gewesen: Zwei Drittel Mogadischus haben die Mannen des Generals unter ihre wilde Herrschaft gebracht.

Aideed: „Ich bewundere die Deutschen"

„Es freut uns sehr", schmeichelt mir Aideeds Sekretär im Hauptquartier des USC, „daß Sie sich so viel Zeit nehmen, um ein richtiges Bild von der Situation hier zu bekommen." Nach etlichen Anläufen ist es endlich soweit. Aideeds Sekretär bringt uns zum persönlichen Interview mit dem General. Einige Straßenzüge vom Büro seiner Partei entfernt hat Aideed in einer Villa Quartier bezogen. Um in das im oberen Stockwerk gelegene Interviewzimmer zu gelangen, müssen wir einen Teil der unteren Räume durchqueren. Nichts deutet darauf hin, daß hier einer der reichsten Kriegsfürsten Somalias wohnt. Vielmehr sieht das ganze Haus so aus, als habe es sein ehemaliger Besitzer gerade verlassen und dabei das wichtigste Inventar mitgenommen. Oben müssen wir die Schuhe ausziehen und auf roten Sitzkissen – den einzigen „Möbelstücken" des Raumes – Platz nehmen. Als der General eintritt, stehen seine Leibwächter stramm, wir erheben uns.

Gut gelaunt begrüßt uns Mohammed Farah Aideed mit einem Handschlag und hockt sich auf eines der Sitzkissen. Daß wir aus Deutschland kommen, findet er besonders gut. Er selbst sei mehrmals in unserem Land gewesen und schätze die Deutschen sehr, ja, er empfinde ihnen gegenüber sogar Hochachtung. Ihre Ordnung und Effizienz hätten ihn immer sehr beeindruckt. Und dann noch ihre Leistungen nach dem Krieg, dieser schnelle Aufbau aus Ruinen, der sie letztlich doch zum Sieger gemacht habe! Aideed geht dann im recht vertraulichen Plauderton zur jüngsten Geschichte Somalias über. Detailreich versucht er, mich davon zu überzeugen, daß Ali Mahdi – nach Siyad Barre – das zweite Grundübel seiner Heimat sei. Ali Mahdi wolle die Diktatur Barres nur durch seine eigene Alleinherrschaft und die seiner Mannen ersetzen. Dieser Exponent des somalischen Establishments sei ein Antidemokrat par excellence. Ali Mahdis Kämpfer hätten jeden von ihm praktizierten Waffenstillstand gebrochen.

„Aber es sind doch Ihre Truppen gewesen, die vor wenigen Tagen die Stellungen Mahdis angegriffen haben. Ihr Delegierter unterschreibt den Waffenstillstand bei der UNO in New York, und gleichzeitig gehen Sie hier in die Offensive." – „Da irren Sie sich gewaltig. Nicht meine Leute haben jetzt zu den Waffen gegriffen, sondern Ali Mahdi ist der Aggressor; seine Banditen attackieren uns. Sie glaubten, sie könnten uns überrennen, weil wir Frieden machen wollten." Der General ist nun mit energischem Ernst bei der Sache, Freundlichkeit und Entspannung sind aus seinem tiefschwarzen Gesicht verschwunden, sein jetzt etwas stechender

Blick verrät tiefe Abscheu. Aber er lügt, obwohl sein Auftreten überzeugend wirkt. Denn in den Nächten zuvor konnte ich von dem auf einem Hügel gelegenen SOS-Kinderdorf beobachten, wer der wirkliche Angreifer war. Die Spur der Raketengeschosse am dunklen Himmel verriet, daß sie alle aus dem von Aideeds Truppen kontrollierten Stadtteil abgefeuert wurden.

Wenn Ali Mahdi der Aggressor sei, warum ist er – Aideed – dann gegen einen Blauhelme-Einsatz der UNO? „Zivile Waffenstillstandsbeobachter können kommen, dagegen ist nichts einzuwenden. Aber wir wollen hier keine fremden Truppen haben. Das führt nur zu einem weiteren Krieg, zu einem Krieg der ganzen Bevölkerung gegen die UNO-Soldaten. Wir Somalis können und müssen unsere Probleme selbst lösen. Die internationale Gemeinschaft hat unsere Souveränität zu respektieren." Der General baut darauf, daß alle Gruppierungen, die gegenwärtig Ali Mahdi unterstützen, sich Schritt um Schritt auf seine Seite schlagen werden. Diese neue Allianz für ein neues Somalia sei schon im Entstehen. Und wie sein Kämpfer, den ich an der Rundfunkstation interviewt habe, so reagiert auch der General selbst, als ich ihn auf die ungeheuren Opfer dieses Krieges anspreche. Das sei eine Tragödie, die er sehr bedauere. Bei diesem Eingeständnis wirkt Aideed so, als ob er über die Kriegstoten im fernen Berg-Karabach reden würde.

Nachdem der offizielle Teil beendet ist, bittet Guenay noch um ein Foto mit einigen seiner Soldaten. Während mein Kollege seine Blitzapparate aufbaut, erzählt mir Aideed, daß er sich als Botschafter in Indien intensiv mit der somalischen Geschichte und Kultur befaßt habe. Darüber habe er auch ein Buch geschrieben, das er demnächst veröffentlichen werde. Dann stellt er sich – mit weißem Hemd und grauer Bügelfaltenhose bekleidet – zu seinen herbeigerufenen Kämpfern, erfüllt Guenays Positions- und Blickwünsche fast so kooperativ wie ein Fotomodell. Als diese Arbeit getan ist, begleitet er uns hinaus, wartet stehend vor der Tür, bis wir anfahren, winkt dann mehrmals zum Abschied.

In „Mogadischu zwei": „Wir wollen eine gewählte Regierung"

Abdulkadir, Arzt in der Mutter-Kind-Station des SOS-Kinderdorfes, bringt uns aus dem Aideed-Teil Mogadischus in die von Ali Mahdi kontrollierte Zone der Hauptstadt. Zwischen den beiden feindlichen Lagern liegt ein Streifen „Niemandsland", der von einem neutral gebliebenen

Clan gesichert wird. Abdulkadir mit der Statur eines Schwergewichtshebers und der ständigen Fröhlichkeit eines Alleinunterhalters ist an allen Kontrollpunkten bekannt. Während der ersten Monate des Jahres 1992 sind die SOSler die einzigen, die ohne Formalitäten und ein Riesenaufgebot an Privatsoldaten die neue Demarkationslinie Mogadischus passieren können. Jeder Kämpfer in der Hauptstadt weiß, daß zu Beginn des Krieges seine verletzten Kampfgenossen – wenn überhaupt – nur im Notlazarett von SOS behandelt wurden.

Einen Tag zuvor hat Abdulkadir bei Ali Mahdis Leuten klargemacht, daß wir die vordersten Frontlinien besuchen können. Yusuf ist das letzte Stück der Straße in einem Zickzackkurs gefahren, der als Abschlußprüfung eines professionellen Schleudertrainings gelten könnte. „Wenn du so fährst, können sie dich nicht so leicht treffen." Nachdem wir das Auto in einer Seitenstraße geparkt haben, geht's durch mehrere halbverwüstete Häuserblocks hindurch, zuletzt folgt eine schmale, 1,20 m breite Gasse: Dann sind wir mitten in den Sinai-Linien angelangt, an einer ehemaligen Hauptstraßenkreuzung. Fünfzig Meter um die Ecke liegen die Schützen Aideeds. Um uns herum nichts als Zerstörung: Häusertrümmer auf der Straße, eingestürzte Stockwerke, ausgebrannte Gebäudeteile, chaotisch zerstreuter Hausrat, Geschoßhülsen überall. Und ein ebensolches Bild, soweit ich die angrenzenden Straßenzüge von der Kreuzung aus einsehen kann. Ali Mahdis Mannen sind zwar auch keine disziplinierten Befreiungskämpfer, aber doch freundlicher, gesprächsbereiter auch als die Waffenträger Aideeds. Das ist nicht sehr verwunderlich, denn unter den zwei Dutzend hier postierten Ali-Mahdi-Truppen sind etliche Studenten. Sie verstehen sich alle als ordentliche Soldaten einer legalen Armee, die ihre rechtmäßige Regierung verteidigt und das Land vor seinem Untergang schützen will. Und genauso wie Aideed reklamieren sie den Sieg über Barre für sich. „Wir haben gegen den alten Mann demonstriert, dann gekämpft und ihn anschließend niedergerungen. Da erschien plötzlich Aideed, spielte den starken Mann und wollte unsere Regierung stürzen. Der wollte wieder eine Diktatur errichten. Aber wir, wir wollen keine Diktatur mehr, wir wollen eine gewählte Regierung."

Guenay sagt ihnen, daß er ein paar szenarische Fotos braucht. „Kein Problem", antworten einige, steigen dann in einen der Kriegsjeeps und drehen mehrere Runden auf der offenen Straßenkreuzung, so lange, bis die auf der anderen Frontseite zu schießen beginnen. Sie kommen zurück, springen lachend aus dem Auto und wollen – jeder in Einzelpose – weitere Fotos machen. Sie johlen und grölen, singen Loblieder auf Ali Mahdi. Vom tödlichen Ernst des Krieges zeugt nur die Umgebung, für die Kämpfer jedweder Couleur dagegen ist er ein erregender Job bis hin zum amüsanten Unterhaltungsspiel. Diesen Eindruck jedenfalls gewinne ich nicht nur hier in den Sinai-Frontlinien. Wie die Trümmerstadt wieder aufgebaut werden soll, daran verschwendet keiner dieser Untergangs-Guerilleros auch nur den Hauch eines Gedankens: Sie leben im Heute, mit dem Jetzt muß man sich arrangieren, was morgen ist, wird sich zeigen, wenn dieses Kapitel erst einmal aufgeschlagen wird. Abdulkadir erzählt mir, seit Beginn des USC-Krieges um Mogadischu im Herbst 1991 hätten sich die Frontlinien nicht verändert, weder Ali Mahdi noch Aideed haben Gebietsgewinne für sich verbuchen können. „Von denen kann keiner den anderen besiegen. Das wissen auch die Kämpfer." – „Und warum dann der Krieg?" Abdulkadir lacht: „Komm, laß uns zu Ali Mahdi fahren, der Präsident erwartet euch."

Ali Mahdi: Galanterie eines Kriegsprovokateurs

Mit strahlendem Lächeln und schnellen Schrittes kommt Ali Mahdi auf den Balkon seines Hauses, wo wir seit einigen Minuten auf ihn warten. „Wir geht es Ihnen? Sie haben hoffentlich keine Probleme gehabt?" Mein Kollege Stefan Klein hat recht: Dieser Ali Mahdi Mohammed ist von der ersten bis zur letzten Sekunde ganz einfach „smart", ein agiler Businessman, der die Kontaktnahme beherrscht. Tatsächlich soll Ali Mahdi einer der reichsten Geschäftsleute Mogadischus gewesen sein, wohlhabend genug, einen Krieg aus der eigenen Tasche zu finanzieren. Für Ali Mahdi ist – wie könnte es anders sein – Aideed der Alleinschuldige am Krieg. „Warum haben Sie denn Aideed nicht an Ihrer Regierung beteiligt? Schließlich war Aideed doch der legal gewählte Präsident des USC, also von Ihrer Partei." – „Wissen Sie, ich habe mich beraten lassen, bevor ich meine Regierung bildete. Keiner gab mir den Rat, daß ich Aideed beteiligen sollte." Daß dieser Affront gegenüber Aideed einen erneuten Waffengang provozieren mußte, will Ali Mahdi nicht wahrhaben. Auch die anderen kriegstreibenden Akte seinerseits – z. B. den Versuch der alleinigen Machtübernahme ohne Beteiligung der anderen Anti-Barre-Gruppen – leugnet er. Seine Politik sei es immer gewesen, mit allen anderen Bewegungen das neue Somalia aufzubauen. Vernunftgeprägter ist allerdings seine Position gegenüber der Rolle, die die Vereinten Nationen in Somalia spielen könnten: „Wir brauchen nicht nur Waffenstillstandsbeobachter, sondern UN-Friedenstruppen. Ohne ein Kontingent von 10000 UN-Soldaten wird es in Somalia keine Ruhe geben."

Ich notiere abends in mein Tagebuch: „Weder von Aideed noch von Ali Mahdi hat dieses Land seine Wiedergeburt zu erwarten. Beide sind zwar bedeutende Machtfaktoren, aber keine Politiker, nicht mal Kriegsfürsten mit Visionen, die diese tausendfach gespaltene und miteinander verfeindete Gesellschaft wieder zusammenfügen könnten. An das ‚ganze Somalia' denken sie nicht, das bedeutet ihnen nichts: Somalia muß *ihr* Somalia sein – da stehen sie den Kriegsfürsten im alten Jugoslawien in nichts nach. Daß sie ihr Land in die Steinzeit zurückgebracht haben und es Tag für Tag weiterhin tun, läßt sie völlig unberührt. Vielleicht wird der Erkenntnisschock für sie und ihre Anhänger noch kommen, dann, wenn der Krieg zu Ende ist (wann immer das sein mag) und sich herausstellt, daß die große Wiederaufbauhilfe von außen nichts anderes ist als ein somalischer Traum. Solche Warnungen schrecken sie auch nicht, so als ob sie ganz von der Freudschen Todessehnsucht getrieben seien."

Gefährlich sind die Wahrheitsverdrehungen der Bürgerkriegsführer nicht so sehr für die ausländischen Journalisten, denn die können ja die Behauptungen noch überprüfen, wenn sie sich denn dieser Arbeit unterziehen. Aber die Anhänger General Aideeds, die Gefolgsleute Ali Mahdis und der anderen Kriegsfürsten besitzen diese Möglichkeit der Überprüfung nicht. Wenn Aideed seinen Leuten sagt, daß Ali Mahdi angegriffen hat, dann werden sie dies glauben, zumal, wenn sie außerhalb des Zentrums leben. Und daß dann die Unwahrheit zum Motor des Krieges wird, liegt an der besonderen Struktur der somalischen Gesellschaft: Diese Gesellschaft besteht auch heute noch aus „Clans", aus – vereinfacht gesagt – weitverzweigten Großfamilienverbänden; innerhalb dieser Clans herrscht absolute Solidarität: Jedes Clan-Mitglied muß für die anderen Clan-Mitglieder einstehen, kompromißlos, bis zum Einsatz des eigenen Lebens. Versichert also Aideed seinem eigenen Clan, dem Clan der Haber Gedir: „Die Abgals, Ali Mahdis Clan-Mitglieder, haben uns angegriffen", dann wird der Großfamilienverband Aideeds den General sofort unterstützen, um die Getöteten zu rächen. Das ist zugegebenermaßen stark vereinfacht, aber im Kern dennoch richtig: Die überquellende Gerüchte- und Lügenküche ist in Somalia – weit mehr als in anderen Kriegsgebieten – zum Nährboden des Hassens und des Tötens geworden.

In den „Schlachthäusern" Mogadischus

Szenenwechsel: Benadir-Krankenhaus, auf der Bürgerkriegsseite des Generals Aideed, Februar 1992. Zwei schwerverletzte Kinder, vier und acht Jahre alt, liegen vor mir auf dem Boden. Was passiert sei, will ich wissen. Dahir ist wie immer auf dieser Frontseite dabei und übersetzt. Dr. Jasmin Ahmed Nur, ein somalischer Arzt, erläutert: „Eine Gewehrkugel ist in den Rücken des Achtjährigen eingedrungen, hat einige seiner Rippen zerfetzt. Die Kugel ist dann aus dem Brustkorb wieder ausgetreten und hat sich anschließend in den Kopf seiner vierjährigen Schwester gebohrt. Sie ist dann im Kopf des Mädchens steckengeblieben; sie ist immer noch da drin."

Ob er sie denn nicht herausoperieren könne, frage ich weiter.

„Nein!"

„Warum nicht?"

„Dazu fehlen uns hier alle Mittel und Möglichkeiten!"

Eine andere Patientin im Bett daneben wird mir vorgestellt. Sarah Abschirr heißt sie und ist 18 Jahre alt. Vor ihrem Haus stehend hat sie der Splitter einer Granate getroffen, drei Monate ist das her, seitdem liegt sie hier im Bett, halbseitig gelähmt; und weil sie kein Gespür mehr hat im Rücken, ist sie zu lange auf einer Seite liegengeblieben: Handtellergroße Flächen von Haut und Fleisch sind bei lebendigem Leibe an ihr verfault!

„Wie viele Patienten befinden sich denn gegenwärtig im Krankenhaus?" frage ich Dr. Jasmin. – „Neunhundertachtzig sind es zur Zeit." – „Sind das alles Notfälle, also Kriegsverletzte?" – „Ja, das sind alles Kriegsverletzte!" – „Wie viele Patienten haben Sie hier im Benadir-Krankenhaus seit Beginn des Bürgerkriegs schon behandelt?" – „Das weiß ich nicht, nein, das weiß ich wirklich nicht. Aber ich kann Ihnen sagen, daß wir pro Tag 30 bis 40 Patienten entlassen."

Ich rechne hoch; das sind pro Quartal rund 3000 bis 4000 Kriegsverletzte, bezogen auf das Benadir-Krankenhaus. Aber es gibt ja noch zwei weitere Krankenhäuser auf der Seite Aideeds, und dann noch die Hospitäler auf der anderen Seite der Front.

Welches Gehalt denn er und die anderen 15 somalischen Ärzte bekommen, frage ich weiter. „Wir erhalten überhaupt keinen Lohn. Nicht einmal einen Penny!" – „Und warum arbeiten Sie dann noch?" – „Was willst du denn sonst tun? Als Arzt kannst du nicht einfach weggehen. Du kannst deine eigenen Leute doch nicht im Stich lassen."

Da die Zimmer des Großkrankenhauses alle übervoll sind, liegen etliche Patienten auf dem Boden der Gänge, Glück noch, wenn sie so etwas wie eine Matratze ergattert haben. Überall wimmelt es von Menschen, denn im Hospital leben auch die Angehörigen der Kranken, die all das tun und tun müssen, was bei uns das Pflegepersonal erledigt. Mitten in einem der Menschenknäuel bleibt Dr. Jasmin stehen. „Weißt du, über eines sind wir doch sehr, sehr betrübt: Seit Januar 1991 arbeiten wir somalischen Ärzte hier. Es hat etliche Berichte in der Weltpresse gegeben, über die wenigen ausländischen Helfer in den anderen Krankenhäusern. Aber unseren Einsatz, den hat niemand erwähnt. Auch, was SOS für Mogadischu getan hat, wurde verschwiegen. Die vom Kinderdorf waren doch die ersten, die geholfen haben, mit einem Notlazarett, mit Medikamenten. Auch jetzt kriegen wir von den SOS-Leuten immer noch Arzneimittel, allerdings nicht genug, obwohl sie uns geben, was sie können."

Als wir zum Aufnahmetrakt kommen, sehe ich durch eine offene Tür jemand auf dem Tisch liegen, in einer riesigen Blutlache, die sich auf dem grünen Wachstuch gesammelt hat und am Tischbein entlang auf den Boden rinnt. Ich trete in den Raum, der außer dem alten Holztisch mit dem Verletzten völlig leer ist. Der junge Mann liegt reglos mit entkleidetem Oberkörper auf der Seite, im Rücken klafft eine tiefe, in mehrere Richtungen aufgerissene Wunde. Immer noch blutend wimmert der Verletzte – schon halb bewußtlos – vor sich hin. Ich frage, wie lange er bereits hier liegt. Dr. Jasmin ruft eine Schwester herbei. Vor über einer Stunde sei er eingeliefert worden. „Und warum verbindet ihn niemand?" – „Ich habe keinen der Ärzte erreicht." – „Aber Sie können ihn doch nicht einfach verbluten lassen. Sie sehen doch, wieviel Blut er schon verloren hat!" Die Schwester berührt meine Aufregung nicht. Auch Dr. Jasmin bleibt ziemlich cool, gibt aber Anweisung, einen Notverband anzulegen. Bevor wir in dieses Zimmer gekommen sind, habe ich zig Verletzte gesehen, deren Blutungen schon durch die angelegten Gipsverbände hindurchtraten: willkommene Zusatznahrung für Hunderte von Fliegen. – „Du hast recht, wir müßten mehr tun. Aber es fehlt und an allem: Verbandszeug, Spritzen, Operationsbestecke; häufig haben wir sogar keinen Diesel für den Generator des Operationssaales. Dann kann manchmal zwei Tage lang nicht operiert werden, dann bleiben die Verletzten einfach liegen. – Weißt du, es geht längst über unsere Kräfte, was wir hier alles machen müssen. Das ist mehr, als ein Mensch ertragen kann."

Es ist Nacht: Ich sitze auf einer kleinen Veranda vor Willy Hubers Wohnhaus im SOS-Kinderdorf, wo ich untergebracht bin. Aus dem Zentrum der Stadt dröhnt wieder das Gebell der Geschütze, Raketen,

Maschinengewehre. Seit Stunden läuft eine erneute Offensive der Kämpfer Aideeds gegen die Stellungen Ali Mahdis, und dies, obwohl beide schon vor Tagen einen Waffenstillstand bei der UNO in New York unterzeichnet haben. Jede dieser abgeschossenen Granaten, jede Rakete wird wieder neue Zerstörungen anrichten, wird wieder Zivilisten in ihren Häusern töten.

Ich denke zurück an den heutigen Tag, an das, was ich während der letzten 15 Stunden erlebt habe; Auszüge notiere ich in mein Tagebuch:

Heute morgen Besuch in der Mutter-Kind-Klinik der SOS-Kinderdorf-Hilfsorganisation. SOS beschränkt sich nicht mehr auf die Kinderdorf-Arbeit, sondern organisiert auch Hilfsprojekte, die einer breiteren Bevölkerungsschicht zugute kommen ... Im ersten Zimmer der Klinik liegt ein etwa elfjähriger Junge; er ist nackt, nur noch ein mit Haut überspanntes Knochengerippe, und schon seit einigen Stunden tot. Die Augen hat er weit geöffnet, so als sei er noch gar nicht gestorben: Den Ausdruck seines stillen Leidens hat er mit in den Tod hinübergenommen. Als ich vorgestern hier war, lebte er noch. Irgend jemand hatte ihn von seinem Dorf mit in die Stadt genommen und hierhergebracht; seine Eltern gehörten zu den Unzähligen, denen dieser Krieg – der ja auch außerhalb Mogadischus tobt – alles genommen hat. – Die SOS-Mutter-Kind-Klinik ist die einzige Geburtenklinik Somalias. Darüber hinaus werden hier pro Jahr Zehntausende von Kindern medizinisch behandelt.

Einem der Berichte entnehme ich: „Immer mehr Frauen mit Kindern stehen vor den Toren des SOS-Gebäudes, oftmals weit über 1000 pro Tag; eigentlich müßten 60–70% dieser Kinder stationär aufgenommen werden. Es kommt häufig vor, daß Mütter bereits tote Kinder in die SOS-Klinik bringen, oder die Kinder liegen schon im Koma. Manchmal sterben die Kinder in dem Moment, in dem man sie auf den Untersuchungstisch legt." Willy Huber berichtet mir, daß er während des ersten Bürgerkrieges der Nach-Barre-Ära Anfang 1991 in der Schule und Mutter-Kind-Station ein Notlazarett eingerichtet habe. In den ersten sechs Wochen hätten sie damals 1600 Bauchoperationen bei Kriegsverletzten durchgeführt. Und in Deutschland sagen die Klugscheißer: „Spenden sind zwecklos, die kommen doch nicht an."

Nach dem Rundgang durch die Klinik und das angrenzende Kinderdorf fahre ich zum Interview mit Ali Mahdi. Keine halbe Stunde später schlägt im SOS-Dorf, in dem über 100 Kinder untergebracht sind, eine Granate ein: Eine Mutter und ein Kind werden getötet, eine andere Mutter schwer verletzt. Hätten wir unseren Rundgang etwas später beendet, dann hätten die Granatsplitter auch Guenay und mich treffen können.

Fünfzig Einschläge im Kinderdorf hat Willy Huber seit Beginn des Krieges registriert. Viele rasiermesserscharfe Eisenteile der Splitterbomben sind wie kleine Raketen durch mehrere Häusermauern durchgeschlagen.

Im Anschluß an das Interview mit Ali Mahdi Besuch im sogenannten Karaan-Hospital, ebenfalls auf der Bürgerkriegsseite Ali Mahdis. Die Übergangsregierung unter Ali Mahdi kontrolliert übrigens ein viel, viel kleineres Gebiet als General Aideed, vielleicht gerade noch 20 Prozent Mogadischus. In der Notaufnahme des einzigen Hospitals in diesem Teil der Stadt stehen drei alte Holztische, die mit Wachstüchern überzogen sind, auf allen drei Tischen liegen eben eingelieferte Verletzte; um die Tische mit den Verletzten Gruppen von 20, 30 Leuten: Verwandte, aber auch Schaulustige, ein heilloses Durcheinander ...

Einer der Verletzten hat eine Schußwunde im Rücken, die ohne Betäubung gesäubert wird; anschließend wühlt die Krankenschwester mit bloßen Händen nach der Kugel ... Im Raum nebenan befindet sich der Operationssaal beziehungsweise ein Zimmer, das so genannt wird. Die Fenster stehen weit offen, tragen nicht einmal ein Fliegengitter; zwei somalische Ärzte sind bei einer Bauchoperation, ein 25 cm langer Schnitt klafft in der Bauchdecke der Frau, mit beiden Händen suchen die Ärzte nach dem Bombensplitter im Innern des Bauchraumes; ein Narkosegerät gibt es nicht, auch keine künstliche Beatmung ...

Weiter geht es durch die angrenzenden Räume, wo die frisch Operierten liegen. Die Zimmer sind überfüllt, kreuz und quer liegen die Patienten auf dem Boden herum, auch auf den Fluren. Ich muß über diese Unglücklichen hinübersteigen, um überhaupt durchzukommen: Kinder, Frauen und Männer jeden Alters, Amputierte, Bauchschußverletzte, Querschnittsgelähmte, Unterernährte, solche, die sich gerade übergeben, Tuberkulose-Kranke, die sich ihre Lunge fast aus dem Leib husten; Gipsverbände, durch die schon wieder Blut von innen durchdringt, auf denen sich Heerscharen von Fliegen angesammelt haben ...

Als ich dann dieses Szenario verlasse und wieder im Freien aufatmen will, fährt ein Auto vor: Ein Junge – 16 Jahre alt – wird herausgehoben und von einem Mitfahrer die Treppe zur Notaufnahme hinaufgetragen. Irgendein Geschoß hat dem Jungen den Fuß fast völlig abgetrennt. Beim Hinauftragen baumelt der an einigen Fleischfetzen noch hängende Fuß hin und her; der Junge – noch bei Bewußtsein – greift nach dem Fuß, hält ihn fest mit der eigenen Hand, um das Hinundherbaumeln zu beenden ... Drinnen wird er auf einen der Holztische gelegt, dann geschieht zunächst einmal nichts, der Junge muß warten, bis die im OP mit dem Bauchschuß fertig sind ... Als er zu wimmern anfängt, verlasse ich die Notaufnahme, mir ist kotzübel.

Draußen sage ich zu Guenay: „Ich würde gerne die Waffenlieferanten und diejenigen Politiker, die für Waffenexporte plädieren, mal mit nach hier nehmen, sie zwingen, sich das alles anzusehen." – „Du hast recht, das müßten wir machen. Aber wie?" (Den Jungen mit dem halb abgerissenen Fuß sollte ich nicht vergessen, bis heute nicht. Für mich verkörpert er immer noch die gegenwärtige Realität Somalias.)

Nein, das war kein Krankenhaus mehr, was ich da durchwatet hatte. „It's a slaughter-house", sagte mir einer der Ärzte, „ein Schlachthaus". „Apocalypse now" auf somalisch, – „nicht aktuell" für den weißen Medienapparat der Satten. Bleibt noch zu ergänzen, daß – nach Aussagen der somalischen Ärzte – in den an das Hospital angrenzenden 30 Wohnhäusern über 2000 weitere Kriegsverletzte untergebracht sind, alles Verwundete aus dem von Ali Mahdi kontrollierten Teil Mogadischus.

Und der internationale Hilfsapparat? Jener Apparat, der Zehntausende, Hunderttausende Pakete in die ehemalige Sowjetunion gebracht hat, der sein Herz für den einstigen Feind aus dem Osten sprunghaft und unkonventionell höher schlagen ließ? Hier in Mogadischu hat er kläglich, schändlich, auf Ekel erregende Weise versagt. Nicht einmal ein Notlazarett hat er auf die Bürgerkriegsseite Ali Mahdis gebracht, um dort die – im wahrsten Sinne des Wortes – bestialische Situation in den sogenannten Krankenhäusern zu beenden.

Und die Deutschen, die sich vor allen anderen als die spendenfreudigste Nation der Welt feiern lassen? Sie sind zu einem Negativ-Rekordhalter ganz besonderer Art geworden. Keine einzige Hilfsorganisation aus der Bundesrepublik ist Anfang 1992 in Mogadischu tätig, auch im übrigen Somalia nicht. Die Mitarbeiter von Cap Anamur haben soeben den Norden verlassen; das Deutsche Rote Kreuz hat sich in die Hilfsmaßnahmen des Internationalen Roten Kreuzes eingeklinkt, betreibt aber keine eigenen Projekte vor Ort, schon gar nicht auf der Bürgerkriegsseite Ali Mahdis. „Help" aus Bonn will demnächst ein Soforthilfeprogramm starten. Organisationen aus der Schweiz, aus Holland, Frankreich und England helfen schon seit Monaten in Mogadischu, allen voran SOS-Kinderdorf aus Österreich, dessen Arbeit allerdings auch mit deutschen Spendengeldern finanziert wird.

Die ganze Wertetradition des christlichen Abendlandes gebietet, angesichts solch bestialischer Situationen wie in Somalia nicht tatenlos zu bleiben. Jedem Verletzten, jedem Hungernden, jedem Flüchtling muß geholfen werden! Das ist das ethnische Dogma der westlichen Welt. Oder etwa nicht? Nicht mehr? Wann wieder?

Merca oder Die schleichende Pest des Krieges ist überall

Merca ist eine kleine Küstenstadt, gut hundert Kilometer südlich von Mogadischu am Ufer des Indischen Ozeans gelegen. Nach mehr als sechs Stunden Fahrt über eine mörderische Piste und etlichen Pannen sind wir mit unseren vier Bodyguards endlich hier angekommen. Unsere Gesichter sind weißgrau vom Staub der Straße, der mehlfeine Sand klebt wie dickes Make-up auf unserer Haut. Aber immerhin: Wir sind unbehelligt durchgekommen. In Merca gingen schon im frühen Mittelalter arabische Seefahrer und Geschäftsleute an Land. Im 14. Jahrhundert wurde das kleine Handelszentrum von somalischen Kriegern erobert; später herrschten die Portugiesen, dann der Sultan von Sansibar und anschließend die Italiener über die Stadt. Heute herrscht hier die Pest des Krieges.

Laut offizieller Statistik zählte Merca zuletzt 100 000 Einwohner, doch ich habe den Eindruck, in einem ziemlich gottverlassenen Dorfflecken zu

sein. Von der einstigen Blüte, von der wechselvollen Geschichte ist nichts erhalten geblieben außer Armut, Schmutz, Zerfall... Im Jahr 1991 zog auch in Merca der Krieg ein, zerstörte Verwaltungsgebäude, vereinzelte Ruinen am Straßenrand geben Zeugnis davon. Zwar sind die Bürgerkriegskämpfer wieder abgezogen, aber nach ihnen kamen die bewaffneten Plünderer und Raubritterbanden. Und gegen deren Treiben haben in jüngster Zeit die islamischen Fundamentalisten eine Streitmacht aufgebaut.

„Gut so! Gut so! So wird die Arbeit richtig gemacht!“ ruft der Vorarbeiter immer wieder mit anpeitschender Stimme. Im Hafen von Merca werden gerade mehrere Boote mit Getreide entladen. Eine Hilfsgütersendung des IKRK, des Internationalen Komitees des Roten Kreuzes, ist nach wochenlangem Warten endlich angekommen. Und weil der Hafen versandet ist, wird es nochmals etliche Tage dauern, bis die spärlichen 900 Tonnen endlich an Land gebracht sind. In Somalia ist eben alles anders, alles noch viel komplizierter, ungleich mühsamer als in den anderen Konfliktgebieten der Welt: Der kleine Frachter mit seinen 900 Tonnen Nahrungsmittelhilfe ankert eine gute Meile vor dem Hafen auf offener See. Fischerboote, die 20, 30 Zentner tragen können, bringen die Getreide- und Zuckersäcke vom Frachter ans Land, fast ans Land: Bis zu den Schultern im Wellengang des Meeres stehend, übernehmen dann Träger die hundert Kilo schweren Säcke und schleppen sie auf die bereitstehenden Lastwagen, die das Rote Kreuz angemietet hat und die von den Gewehren der islamischen Fundamentalisten gesichert werden. Fundamentalistische Gruppen sind auf dem Boden der Anarchie überall in Somalia wie Pilze aus dem Boden geschossen. Diese fanatischen Streiter Allahs sind wenigstens nicht so korrupt, ein letzter – wenn auch problematischer – Ordnungsfaktor im Chaos des Bürgerkriegsinfernos.

Angela Kocher, Koordinatorin des Roten Kreuzes vor Ort, ist sehr zufrieden, was die Zusammenarbeit mit den Fundamentalisten betrifft. „Ohne diese Leute“, sagt sie, „könnten wir hier überhaupt nichts ausrichten. Unter ihrem Schutz haben wir in Merca und in der Umgebung 70 Verteilungszentren eingerichtet. Die meisten Menschen, die wir versorgen, sind Flüchtlinge aus dem Landesinneren. Die haben oftmals einen Fußmarsch von 200 Kilometern hinter sich.“ Völlig unzufrieden ist Angela Kocher jedoch mit der Hilfsgüterversorgung: „Wir können nur einen Bruchteil der Nahrungsmittel reinbringen, die die Menschen hier benötigen. Hinzu kommt noch, daß wir vom IKRK die einzigen sind, die im größeren Stil helfen.“ Wie viele Menschen auf der Flucht sind, weiß Angela Kocher nicht. Sie ist sich aber sicher, daß allein in der Merca-Region täglich Tausende Zuflucht suchen.

Angelas Notunterkunft in einem alten zerfallenen Hotel ohne Wasser und Strom wird von bewaffneten Wächtern geschützt, wie alle Projekte des IKRK. Die somalischen Verhältnisse zwangen das strikt neutrale Rot-Kreuz-Komitee erstmals in seiner Geschichte, unter bewaffnetem Schutz zu arbeiten und zu helfen, unter einem Schutz, der mit vielen Dollars – wie könnte es anders sein – bezahlt werden muß. Kein IKRK-Mitarbeiter (in leitenden Funktionen nur Schweizer Staatsbürger) tut auch nur einen einzigen Schritt ohne Leibwächter. Als ich unsere eigenen Schutzmänner in Angelas „Hotel" unterbringen will, gibt es mächtigen Streit. Die IKRK-Schutztruppe traut unseren Wächtern nicht und besteht darauf, daß sie ihre Waffen ablegen, was die wiederum grundsätzlich ablehnen. Schließlich einigen wir uns darauf, daß sie im Hof auf dem Boden schlafen können.

Am nächsten Morgen besuchen wir ein ganz privates Hilfsprojekt. Im Garten eines alten Stadthauses ist Annalena Torelli gerade mit der täglichen Medikamentenausgabe beschäftigt. In Eigenregie hat die Italienerin eine Mutter-Kind-Station aufgebaut, der einzige Rettungsanker für die vom Krieg gezeichneten Mütter und Kinder dieser Region. Denn das IKRK hat kein medizinisches Personal vor Ort, ganz zu schweigen von den UN-Organisationen, die hier nicht mal gesehen worden sind.

„Wie viele Menschen versorgen Sie denn hier?" – „Nun, die Kinder, die hier bei uns ein Mittagessen erhalten, das sind täglich tausend, tausend schwer unterernährte Kinder. Dann versorge ich jeden Morgen noch 200 Babys mit schlimmer Unterernährung sowie 60 an Blutarmut erkrankte Mütter. Es gibt hier in meiner Station viele somalische Frauen, die genau so groß sind wie ich, aber nur noch 30 Kilo wiegen. Ja, Sie haben sich nicht verhört, 30 Kilo! Meine ganze Arbeit wird durch private Spender finanziert, meistens durch meine Freunde in Italien." – Ob sie selbst von Beruf Medizinerin sei, will ich wissen. Annalena Torelli lacht: „Ursprünglich war ich Rechtsanwältin, dann machte ich eine Ausbildung zur Lehrerin für Englisch und Literatur, danach erwarb ich ein Diplom in Tropenmedizin sowie Spezialisierungen in Basis-Gesundheitsversorgung und Tbc-Erkrankungen ... Ich habe immer nur für die Somalis gearbeitet, an verschiedenen Orten, 22 Jahre lang!" Anschließend erzählt sie mir noch, daß sie, bevor sie hier zu arbeiten begann, in Mogadischu gelebt habe. Auch sie sei wie Tausende andere von Plünderern ausgeraubt worden und nur noch mit ihren Kleidern am Leib in Merca angekommen.

„Das ist ein typischer Marasmus-Fall, schon im Endstadium. Der

Junge wird sterben, wahrscheinlich morgen." Annalena Torelli stellt mir 20, 30 Einzelfälle vor: Die Marasmus-Kinder sind die Knochengerippe, die Kinder mit dem vom Hunger deformierten Gesicht eines Greises; die Kwaschiorkor-Fälle sind die mit den aufgeblähten Gliedmaßen, mit den dick geschwollenen Gesichtern und aufgeblähten Bäuchen: ein extremes Eiweißmangelsyndrom.

Unter den vielen Müttern ist auch eine junge Frau, 17 Jahre alt, auf einem Baumstumpf hockend, ihr halb verhungertes Baby im Schoß. Mit leisen Worten antwortet sie auf Dahirs Fragen, dem ich erklärt habe, was ich gerne wissen möchte. Mehrfach überfallen, den Mann auf der Flucht verloren, hat sie sich in mehreren Tagesmärschen nach hier durchgeschleppt, mit ihren letzten Kräften. Jetzt ist sie zu schwach, um aufzustehen; ohne gestützt zu werden, kann sie nicht mehr gehen. Im Kontrast zu dem hinfällig gewordenen Körper ihr Gesicht, zwar auch von den Entbehrungen schon gezeichnet, aber doch noch bestimmt von außergewöhnlicher, mich tief beeindruckender Schönheit, jene „Anmut" und „Würde" ausstrahlend, von deren Erfahrung mir der Arzt Hartmut Strohmaier so fasziniert berichtet hatte. Und wieder im Kontrast dazu das Horror-Antlitz ihres Babys, die aufgerissen starrenden Hunger-Augen aus diesem Greisengesicht! Ich denke an Antoine de Saint-Exupéry. Hatte er in seinem Buch „Wind, Sand und Sterne", das im französischen Original „Terre des Hommes" heißt, nicht auch Szenen wie diese beschrieben? „Ich beugte mich über die glatte Stirn, die feingeschwungenen Lippen, und sah, das ist ein Musikerkopf – das ist Mozart als Kind, eine herrliche Verheißung an das Leben! So sind nur die kleinen Prinzen im Märchen. Was könnte aus diesem Kind, wenn es behütet, umhegt, gefördert würde, alles werden! – Wenn in einem Garten durch Artwechsel eine neue Rose entsteht, faßt alle Gärtner größte Aufregung. Man verwahrt die Rose, man pflegt sie, man tut alles für sie. Aber für die Menschen gibt es keinen Gärtner. Das Kind Mozart wird wie alle anderen vom Hammer zerbeult ... Mich bedrückt, daß in jedem dieser Menschen etwas von einem ermordeten Mozart steckt." – „Nur Gott weiß", sagt uns die 17jährige Mutter zum Schluß, „warum es diesen Krieg gibt."

Somalias Kinder sind im Sinne Saint-Exupérys zum Tode verurteilt, von den Erwachsenen dem Untergang preisgegeben. In Annalenas Hof, wo viele kraftlose Mütter sich nicht mehr um ihre Kinder sorgen, wo also der Krieg selbst den „mächtigen Trieb der Natur" gebrochen hat, sind wir aber auch mitten in einer Szene, deren Fernsehbilder die ganze Welt schockieren, entsetzen würden. Das Problem ist nur, daß sie nicht durchs globale Medium hindurchflimmern. Obwohl ihrer Sensationsqualität wirklich gar nichts abgeht: Katastrophe in konzentrierter Reingestalt sozusagen. Wir treffen sogar auf einen Bildermacher, einen freien Kameramann, der für das ARD-Studio in Nairobi arbeitet. „Mein Material ist Klasse, spektakulär", versichert er uns, „aber was die damit machen werden, weiß ich nicht." Nichts, wie sich später herausstellen wird, ganz einfach nichts.

In Somalia kann niemand dem Krieg entkommen. Annalena Torelli schätzt, daß 70 Prozent der Gesamtbevölkerung vom Krieg und seinen Folgen schwer betroffen sind. „Je mehr ich mit den Leuten hier spreche, je mehr ich hier höre und sehe, desto sicherer bin ich mir: Es sind 70 Prozent! In Mogadischu sind die Reichen arm geworden; alles, wirklich alles ist ihnen geraubt worden. Und die Armen? Was immer sie besaßen, haben sie verloren. Aber nehmen Sie jetzt einmal diesen Teil des Landes: Er ist so schön und fruchtbar wie ein paradiesischer Garten. Allein diese Region hier könnte ganz Ostafrika ernähren, auf jeden Fall aber Somalia. Könnte! Aber wie sieht es jetzt aus? Keiner baut mehr etwas an, keiner kann mehr seine Felder bewässern: Alles hat der Krieg zunichte gemacht!"

„Wie ist denn die Situation im Inneren des Landes?"

„Fürchterlich, schrecklich überall . . ."

„Kämpfe im ganzen Land?"

„Ja, es wird im ganzen Land gekämpft, ja, ja, der Krieg ist überall. Die Clans, die Großfamilienverbände, die haben keinen Frieden mehr miteinander. Sehen Sie, ich bin immer hier gewesen, all die Jahre, ich ging niemals zurück nach Hause; ich weiß also wirklich, was hier vor sich ging und geht. Früher hat niemand von den „Clans" gesprochen, das war kein Thema. Aber jetzt: diese Wiederbelebung der Clan-Strukturen! Dieser Haß! Dieses Vergeltung-und-Rache-üben . . .! Es gibt einfach zu viele Waffen in diesem Land. Wenn diese vielen Waffen nicht wären."

„Hat denn dieses Land überhaupt noch eine Chance? Werden die Somalis aus eigener Kraft zum Frieden finden?"

„Wenn es keine Intervention von außen gibt, wenn keiner interveniert und die Kontrolle über die Waffen in diesem Land übernimmt, dann gibt es keine Lösung mehr für Somalia. Das Ausland könnte das tun, aber es fehlt die Bereitschaft: Eine Schande, daß die UNO bisher nicht intervenierte. Was tat die UNO, als im Herbst 1991 der Krieg erneut aufflammte? Sie war nicht da! Sie brachte nicht einmal ein paar Medikamente, keine Nahrungsmittelhilfe. Die von der UNO sagten nur: „Wir kommen, wir kommen!" Aber sie kamen lange Zeit – zu lange Zeit – nicht. Ohne UNO-Truppen kann Somalia keinen Frieden finden. Nein, das glaube ich nicht!"

Somalia 1991/92: Jeder gegen jeden

Von Merca fahren wir weiter in das 50 Kilometer landeinwärts gelegene Coriolei, ein unbedeutendes Dorf, in dem früher die Distriktverwaltung saß. In zwei ausgedienten Lagerhallen kampieren 1007 geflüchtete Familien. Hier treffe ich auf Hassan Madeiy Hussein, mit dessen todgeweihter Tochter diese Reportage begonnen hat. Nachdem Hassan Madeiy Hussein seine Verärgerung über die Journalisten überwunden hat, erzählt er doch noch seine Leidensgeschichte und die seiner Familie. Zeit seines Lebens ist der heute 60jährige – wie die meisten Somalis – ein wohlhabender Nomade gewesen, konnte seine Familie ohne Probleme und reichlich ernähren. Schon fünf Monate ist es her, daß er weit im Landesinneren, 50 Kilometer von hier, von einer Bande angegriffen wurde.

„Es waren Siyad Barres Leute, die uns überfielen, ja sicher, es waren Barres Leute, vom Clan der Marehan. Fünf meiner Söhne wurden erschossen, alle Tiere haben sie mir geraubt, hundert Kamele habe ich verloren. Alle in der Umgebung sind von ihnen überfallen und ausgeraubt worden. Niemandem haben sie die Viehherden gelassen. Zwei Monate waren wir unterwegs, bis wir hier ankamen. Meinen jüngsten Sohn habe ich auf den Schultern getragen, den ganzen Weg, jetzt ist er hier gestorben." – „Was ist denn der Grund für diesen Krieg?" – „Warum es diesen Krieg gibt? Ich weiß es nicht. Soll ich lügen? Ich weiß es wirklich nicht. Ich weiß nur: Alle Somalis sind miteinander verfeindet."

Den anderen Flüchtlingen, mit denen ich in Coriolei spreche, sind zusammengerechnet mindestens tausend Kamele geraubt worden, natürlich auch alles übrige, was sie besaßen. Derart mittellos gemacht, mußten sie zu Hungernden werden. Und die wenigen Hilfsgüter, die nach Coriolei kamen, haben ihnen Plündererbanden wiederum geraubt. Abdulkadir Abdi Aden ist der gewählte Bürgermeister des Lagers. Er berichtet, daß keine Hilfsgüter des IKRK mehr durchkämen, seit über 10 Tagen seien sie ohne Nahrungsmittel. „Jetzt geht das Sterben wieder los." 117 Schicksalsgenossen haben sie schon beerdigt. Der Lagerbürgermeister bestätigt, was uns Annalena Torelli schon berichtet hat: Im Inneren des Landes tobt der Krieg der Clans gegeneinander. Viehraub ist an der Tagesordnung, das heißt aber auch, daß Tag um Tag die Lebensgrundlage dieser nomadischen Gesellschaft zerstört wird. Ein geflüchteter Bauer aus dem Flußtal des Shebelli berichtet, daß auch unter der ansässigen Landbevölkerung die Plündererbanden und Bürgerkriegsguerilleros wüten. „Bis der Krieg kam, haben unsere Leute am Fluß keine Not gekannt."

„Apocalypse now" nicht nur in Mogadischu, sondern auch in den

ländlichen Regionen Somalias. Mindestens 500 000 Menschen auf der Flucht, vielleicht auch eine Million, vielleicht auch noch mehr. Wie viele am Verhungern sind, wie viele hingemetzelt wurden, weiß niemand, wird man auch niemals wissen. Keine Hilfsorganisation hat Zugang zu allen Teilen des Landes. Die Opfer-Statistik wird Somalia mit in seinen Untergang nehmen. Praktisch alle Zahlenangaben über das Leidensszenario beruhen auf Mutmaßungen und Spekulationen. Was wir jedoch sicher wissen, genügt: Die Situation ist unter allen Aspekten schlimmer als in den Gebieten des ehemaligen Jugoslawiens. Und allein in Mogadischu soll es seit dem Kriegsbeginn in der Nach-Barre-Ära 20 000 bis 30 000 Tote gegeben haben.

Über das ganze Land verstreut existieren mindestens 20 verschiedene bewaffnete Bewegungen, die sich ein politisches Etikett um den Hals gehängt haben; dann noch die regionalen Kriegsfürsten, die marodierenden Soldaten der alten Armee, die Plündererbanden. Schließlich die Clans, die Großfamilienverbände mit ihren verästelten Untergruppen, über 100 an der Zahl: Sie alle kämpfen – zum Teil miteinander, zum Teil gegeneinander – um das Überleben ihres eigenen Clans, um eine möglichst gute Startposition für das künftige Somalia, falls es ein solches jemals geben sollte.

Mehr als tausend Jahre lang durchzogen die somalischen Nomaden mit ihren Viehherden die halbwüstenartigen, lebensfeindlichen Gebiete am Horn von Afrika. Sie organisierten ihr Überleben in kleinen Gruppen, die Armut nicht kannten, die alles, was sie brauchten, stets bei sich führten. Arbeitsteilung gab es bei ihnen nicht. Durch Verträge mit den jeweils anderen Gruppen regelten sie die Nutzung von Wasserstellen, die riesigen Wanderwege ihrer Herden. Hierarchische Strukturen – beispielsweise einen König aller Somalis – besaßen sie nicht. Es war eine Gesellschaft von Freien auf der Basis absoluter Gleichberechtigung. Die traditionelle Gesellschaft der Somalis war eine durch vertragliche Absprachen geregelte „Nebeneinander-Gesellschaft".

Dem modernen Somalia der nachkolonialen Ära ist es nicht geglückt, diese traditionelle „Nebeneinander-Gesellschaft" in ein Staatswesen nach westlichem Muster zu transformieren, in ein Staatswesen, das ohne hierarchische Strukturen nicht funktionieren kann: Dies ist eine der tieferen Gründe für die Katastrophe, die jetzt im Gange ist.

Die Weltgemeinschaft: „Schwarze Tote zählen weniger"

Anfang Januar 1992, ein Jahr nach dem erneuten Kriegsausbruch, begann die UNO mit Vermittlungsinitiativen, und zwar durch James Jonah, einen ihrer Untergeneralsekretäre. Im März 1992 unterschrieben die Bürgerkriegsparteien des Vereinigten Somalischen Kongresses (USC) einen von der UNO ausgehandelten Waffenstillstand. Aber das Morden der Plündererbanden geht weiter: Ständig flackern in den Landregionen neue bewaffnete Auseinandersetzungen auf, der Zustrom von Flüchtlingen nach Kenia schwillt immer weiter an. Eben weil es keinen Waffenstillstand gibt, den alle Kampfparteien unterschrieben haben. Den gäbe es vermutlich schon, wenn die Vereinten Nationen wie im Falle Jugoslawiens einen hochrangigen UNO-Sonderbotschafter für die Vermittlungsgespräche bestellt hätten.

Und nur ein hochrangiger Sonderbotschafter – nicht der Untergeneralsekretär – könnte den schwierigen Weg zu einer Nationalkonferenz ebnen. Allein eine solche Nationalkonferenz wird in der Lage sein, den Grundstein für die politische Neuordnung des Landes zu legen. Auf dieser Nationalkonferenz muß ferner auch mit Nordsomalia verhandelt werden. Denn der Norden hat sich Mitte 1991 abgespalten und den eigenen Staat „Republik Somaliland" erklärt, ohne freilich auch nur von einem Land der Welt anerkannt worden zu sein: Die

„Republik Somaliland“ liegt eben am Horn von Afrika und nicht in Osteuropa.

Auch gegen die von der Übergangsregierung unter Ali Mahdi und von vielen Somalis geforderten UNO-Truppen sträubt sich die Weltgemeinschaft monatelang. Im März 1992 weigert sich die USA, eine weitere Blauhelm-Mission mitzufinanzieren. Ohne ausländische Ordnungsmacht und neutrale Waffenstillstandsbeobachter existiert jedoch kein Hoffnungsschimmer für einen dauerhaften Frieden und eine politische Neugeburt des Landes. Somalia benötigt nicht nur humanitäre Hilfe in großem Umfang, sondern vor allem politischen Beistand für seinen Neuanfang aus Ruinen.

Daß die Vereinten Nationen bis zum Dezember 1992 ihr Möglichstes nicht getan haben, liegt auch an den Medien der westlichen Welt. Sie haben intensiv über Jugoslawien, über die Konflikte in der ehemaligen Sowjetunion berichtet, aber Somalia ist bis zum Sommer 1992 kein Thema: zu weit weg, nicht aktuell genug! *Schwarze Tote zählen eben weniger als weiße Tote.*

Auf diese Formel haben sich die westlichen Gesellschaften längst verständigt. Und sie wird künftig mehr denn je die Politik des reichen Nordens bestimmen, in dessen Staaten ein Null-Wachstum der Wirtschaft (will sagen, man bleibt „nur“ so wohlhabend, wie man bereits ist) schon als nationale Katastrophe erlebt wird. Armes Europa! Wo sollen nur die Entwicklungsexperten in Sachen Ethik und Moral herkommen, damit du endlich human wirst? Aber unseren Werteverlust praktizieren wir ja nicht nur gegenüber Somalia. Das Sterben in Schwarzafrika gehört längst zur Tagesordnung, und das Verdrängen unserer vielfachen Mitverantwortung auch. Waffenlieferungen, Hungerlöhne für die afrikanischen Kaffeebauern und Baumwollpflücker – auch das ist „nicht aktuell“, weder für die Medien noch fürs weiße Bewußtsein.

„Die Massen verlangen meine Rückkehr“: zu Besuch beim gestürzten Diktator Siyad Barre

„Wach auf Somalia!
Hört zu alle Somalis!
Die Fahne ist das Zeichen und das Symbol unserer Einheit:
Die Einheit Somalias ist es, die wir alle unterstützen müssen!“

So lautet etwas frei übersetzt der Text der somalischen Nationalhymne, die von einer Soldatengruppe gesungen wird, als Guenay und ich am neuen Sitz des alten Machthabers eintreffen. Von Coriolei waren wir nach Mogadischu zurückgekehrt, hatten dann noch einige Flüchtlingslager am Rande der Hauptstadt besucht und waren anschließend mit einem Flugzeug über Kisimajo nach Nairobi zurückgekehrt. Dort hatten wir zufällig einen der „Sekretäre“ Barres getroffen, der uns erzählte, wir könnten den „legalen Präsidenten Somalias“ besuchen, und zwar in Somalia. Da wir uns aufgrund vieler Gerüchte nicht mehr sicher waren, ob Siyad Barre überhaupt noch am Leben sei, entschlossen wir uns, der Offerte des Sekretärs Folge zu leisten. An einem der letzten Februartage des Jahres 1992 hat der Flug nach etlichem Hin und Her endlich geklappt.

Schon diese Reise wird zum Abenteuer eigener Art: Wir starten mit einer 6sitzigen Maschine von Nairobi aus. Da jedoch 10 Leute mitfliegen und auch noch Gepäck an Bord ist, kommt die Propeller-Maschine erst kurz vor dem Ende der Startbahn vom Boden hoch. Mit im Flugzeug ist die Tochter Siyad Barres, die in Nairobi als Kontaktperson des gestürzten Präsidenten zur Außenwelt fungiert. Diese Tochter, die als ziemlich weltgewandte Aristokratin auftritt, ist mit General Morgan verheiratet. General Morgan, über den Gerüchte im Umfang eines Buches kursieren, herrscht in Kisimajo, der bedeutendsten Hafenstadt im Süden Somalias. (Er sollte sich acht Monate später, im Oktober 1992, anschicken, das Erbe Siyad Barres zu übernehmen. Denn im Herbst beginnt Morgan – unterstützt von den Anhängern des mittlerweile außer Landes geflüchteten Siyad Barre – einen neuen Krieg, der im Südwesten Somalias vorübergehend die Luftbrücken der Hilfsorganisationen zusammenbrechen läßt.) Ferner sind noch mit in der Maschine: der ehemalige Außenminister Somalias, ein General Siyad Barres, ein Geschäftsmann und noch einige ehemalige Regierungsmitglieder. Als wir den Kontrollbereich des Towers von Nairobi verlassen haben, ändert der Pilot den Kurs und steuert Richtung kenianisch-somalische Grenze, die wir illegal passieren. Offiziell sind wir auf einem kenianischen Inlandsflug. Nach knapp drei Stunden befinden wir uns über Baidoa, über jener somalischen Distrikthauptstadt, in der Somalias gestürzter Präsident residiert, über jenem Baidoa auch, das im Sommer 1992 zum größten Katastrophenort Somalias werden wird.

Früher als üblich hat der Pilot den Landeanflug begonnen, dies bedeutet: Barre und seine Anhänger kontrollieren nicht nur die Stadt, sondern auch deren Umfeld. Die Stellungen der Kriegsgegner des alten Potentaten müssen zig Kilometer entfernt sein. Baidoa ist eine ehemalige Luftwaffenbasis, deren Start- und Landebahn im somalischen Bürgerkrieg nicht zerbombt worden ist. Aber die zahlreichen Kasernen um den Flughafen sind alle zerstört, ebenso die zivilen Verwaltungsgebäude, das Hospital, die Schulen – wie wir bei der Einfahrt in die belebte Stadt beobachten können.

„Herzlich willkommen in Somalia", sagt Siyad Barre, als er zu uns auf die Veranda seines „neuen Dienstsitzes" kommt, ein Einfamilienhaus mitten in der Stadt. Ich sei überrascht, ihn hier, mitten im Herzen Somalias, 250 km westlich von Mogadischu, anzutreffen. „Meine Revolutionary Forces kontrollieren diese Stadt und die ganze Provinz hier. Wir haben einen Gouverneur eingesetzt und eine regionale Verwaltung aufgebaut. Mein Gebiet reicht bis hinunter nach Kisimajo." Der heute 73jährige ist immer noch ein phänomenaler Machtstratege. Nachdem der Widerstand ihn jahrelang bekämpft und ihn schließlich in seinem Präsidentenpalast eingeschnürt hatte, war ihm im Januar 1991 in letzter Sekunde die Flucht in einem Panzerfahrzeug gelungen. Er schaffte es, sich mit einigen Getreuen in den Süden Somalias durchzuschlagen. Dorthin folgte ihm wohl ein Teil der alten Armee. Auf jeden Fall konnte er eine neue Kampftruppe organisieren, mit der er dann aus dem Süden nach Baidoa vorstieß.

Viele Somalis hätten mir versichert, er – Siyad Barre – sei das Grundübel des Landes. „I built, I didn't destroy." Diese Beteuerung: „Ich habe Somalia nur aufgebaut und nichts zerstört", wird er in den nächsten Minuten wie eine magische Formel öfter wiederholen. Für was er denn jetzt kämpfe, will ich wissen. „Die Massen in Mogadischu verlangen meine Rückkehr. Wenn sie wählen könnten, würden 99 Prozent der Stimmen auf mich entfallen. Also, ich will und muß nach Mogadischu zurück, um dort wieder Recht und Ordnung herzustellen. Ich werde diesem Land Frieden bringen und wirkliche Demokratie."

„Wie wollen Sie das denn erreichen?"

„Ausschließlich mit friedlichen Mitteln, nur mit friedlichen Mitteln, wenn die anderen das zulassen."

„Warum haben Sie dann eine neue Armee aufgebaut?"

„Man kann seine politischen Ziele nur auf dem Hintergrund von Stärke durchsetzen. Außerdem vergessen Sie, daß ich immer noch der legale Präsident Somalias bin. Keiner kann mich zwingen, dieses Amt aufzugeben. Niemand hat mich besiegt! Ich habe Mogadischu freiwillig verlassen, weil ich weiteres Blutvergießen verhindern wollte. Da, sehen Sie die Nationalflagge auf dem Tisch: Wo die Flagge ist, ist auch der Präsident." Tatsächlich steht auf einem kleinen Sekretär ein Ministänder mit der Fahne des Landes, daneben eine vergoldete Glocke und ein in Leder gebundenes Kalenderbuch mit Goldschnitt: letzte Präsidenteninsignien, an deren Fetisch-Kraft der senil gewordene Siyad Barre glaubt. Nicht nur sein hohes Alter – einige behaupten, er sei weit älter als 73 – hat ihn geistig geschwächt, sondern auch ein schwerer Unfall vor einigen Jahren, von dem er sich nicht mehr erholte. Oft nuschelt er, daß ich ihn gar nicht mehr richtig verstehen kann; dann wirkt er auch so, als sei er eigentlich gar nicht anwesend, nur einstudierte Stellungnahmen abspulend. So wundert mich nicht mehr, daß dieser skurrile „Präsident" den Einsatz von UNO-Truppen in Somalia ablehnt, weil sie die Souveränität des Landes verletzen würden! An einer Nationalkonferenz ist er bereit teilzunehmen. „Aber nur als legaler Präsident Somalias."

Ist es wirklich dieser wirre Greis, der hier die Geschichte bestimmt, frage ich mich noch, während Siyad Barre weiter verklärend über seine „25 Aufbaujahre" redet? Oder sind es die Leute, die mit uns am Tisch hocken und dem „Präsidenten" gelegentlich ein Stichwort zuflüstern, wenn er ins Stocken gerät? Bestimmen also diejenigen, die mit uns im Flugzeug waren, und die ehemaligen Armee-Oberen, auf die wir getroffen sind, das Agieren der Barre-Bewegung? Beispielsweise General Gani, der vor Jahren im Norden Somalias gewütet hat? Dieser General Gani ist es auch, der mir im Anschluß an das Interview mit Siyad Barre auf einer Generalstabskarte die militärische Lage erklärt. Darauf sind Stellungen der neuen Barre-Kampfverbände bis 90 Kilometer vor der Hauptstadt eingetragen. Ich bleibe mißtrauisch, halte das Ganze eher für einen Bluff. Aber es ist diesmal doch keiner. Im April und Mai 1992 werden Barres Einheiten mit einer Offensive gegen Mogadischu den Comeback-Versuch tatsächlich wagen. Sie werden allerdings – geschlagen von Aideeds Truppen – zurückweichen müssen. Siyad Barre kann jedoch erneut entkommen. Im Sommer 1992 erhält er in Nigeria Asyl, aber „politisch" ist er immer noch nicht tot: Aus dem fernen Lagos wird er seinen Schwiegersohn Morgan zu erneuten Kriegszügen im Südwesten Somalias dirigieren. – „Auf Wiedersehen in Mogadischu", sagt uns Siyad Barre, als er uns – ganz wie es General Aideed tat – zum Wagen begleitet.

Im letzten Tageslicht starten wir unseren Rückflug nach Nairobi. Der Pilot zieht noch eine weite Schleife über Baidoa, dessen Größe einer deutschen Kreisstadt gleicht. Ein leichter, vom Abendrot gefärbter Dunstschimmer hat sich über die Provinzmetropole gelegt. Unten auf dem sehr belebten Markt gehen die Tagesgeschäfte gerade zu Ende. Um Baidoa – so weit das Auge reicht – nichts als rotbraune Erde, hie und da ein Strauch oder eine kleine Baumgruppe. Über dieses dürre Land werden einige Monate später – nach der Flucht Siyad Barres – Zehntausende ausgemergelter Hungergestalten ziehen. In Baidoa angekommen und auf Videobänder gebannt, werden sie dann das Weltgewissen erschüttern, für kurze Zeit wenigstens.

„Republik Somaliland": Besuch in einem fiktiven Staat

A long way to Hargeisa

In Nairobi scheitern alle Versuche, mit einem Hilfsgütertransport in den Norden Somalias zu fliegen. Dieser Landesteil hatte sich nach dem Sturz Siyad Barres und dem erneuten Aufflammen des Krieges vom übrigen Somalia losgesagt und als „Republik Somaliland" im Mai 1991 die Unabhängigkeit erklärt. Beim IKRK-Büro in Nairobi erfahren wir, daß es kein Problem ist, von Dschibuti aus in die selbst proklamierte neue Republik zu gelangen. Wir beschließen also, über Addis Abeba nach Dschibuti zu fliegen. Zwar schaffen wir es, in die Maschine nach Addis zu kommen. Aber in Äthiopiens Hauptstadt ist die Reise zunächst einmal beendet. Der Dschibuti-Flug ist überbucht, die nächste Maschine geht in vier Tagen. Guenay entscheidet sich daraufhin für den Rückflug nach Deutschland.

Für mich folgen zunächst einige Debatten mit den Paßbehörden, da ich kein Visum für Äthiopien besitze. Geduldiges höfliches Diskutieren überwindet schließlich dieses Problem. Komplikationen dieser Art gehören zum Alltag von Dritte-Welt-Journalisten. Daß du immer wieder warten mußt, oft tagelang an einem gottverlassenen Ort rumhängst, daß jede Reise länger als geplant und auch stets anders verläuft, das verstehen unsere Heimatredaktionen nur in den seltensten Fällen. Und die Konsumenten unserer Berichte und Bilder haben davon nicht mal eine Ahnung. Sie wissen auch nichts über unsere verdammten Abhängigkeiten. Von kleinen Beamten beispielsweise, die dir aus irgendeinem nichtigen Grund die Ein- oder Weiterreise verweigern und damit dein ganzes Reporterunternehmen zum abrupten Ende bringen können. Schließlich die endlosen, nervenden Bemühungen – oft auch Betteleien –, in irgendein Flugzeug zu kommen, in das man eigentlich nicht darf oder soll . . .

Dieses Mal blieben mir solche Frustrationen weitgehend erspart. Nach Willy Hubers unersetzlicher Hilfe in Nairobi und Mogadischu traf ich – in Dschibuti angekommen – auf einen unbürokratischen Mitarbeiter des UN-Flüchtlingskommissars, der mich sofort auf die einmotorige Maschine seiner Organisation nach Hargeisa buchte. Denn wie im Falle aller Städte Somalias, kannst du auch in die Hauptstadt des neu gegründeten Staates keinen offiziellen Flug nehmen.

Noch auf dem Flugfeld zahle ich 10 Dollar und erhalte die Einreisegenehmigung. „ENTERY" steht auf dem Stempel, den mir ein junger Somali ohne Beamtenuniform in den Paß drückt. Mit einem Jeep der englischen Hilfsorganisation „Save the Children Fund" gelange ich in die Stadt. Taxis gibt es nicht, auch keine Hotels für Ausländer. Bei Save the Children kann ich unterkommen. Nachmittags unternehme ich einen Spaziergang durch die Stadt, ohne Leibwächter. Schon bei der Fahrt vom Flughafen durch Hargeisa war mir aufgefallen, daß die Männer hier keine Waffen tragen und daß auch die wild durch die Straßen preschenden Bürgerkriegsjeeps fehlen. Die Menschen, denen ich begegne, blicken verhalten neugierig, etliche grüßen freundlich. Eine ständig größer werdende Schar Kinder springt mit „How-are-you"-Rufen hinter mir her.

Auf dem Markt von Hargeisa herrscht reger Betrieb. Handwerker, Kleinschmiede, Reparateure aller Art sind emsig bei der Arbeit. Lastwagen bringen täglich Versorgungsgüter aus Dschibuti und dem Osten Äthiopiens. Das bunte, auch übervolle Leben dieses Marktes steht in krassem Gegensatz zur ruinierten Umgebung: Die große Moschee Hargeisas hat etliche schwere Treffer erhalten, von den Hotels um den Marktplatz sind nur noch Ruinen geblieben, die angrenzenden Straßenzüge hat der Krieg völlig verwüstet. Viele Stadtviertel sind immer noch unbewohnt. Und all jene Wohnhäuser, die nicht zerschossen wurden, sind längst geplündert, bis auf die Grundmauern: Wellblechdächer, Fensterrahmen, Türen demontiert und weggeschleppt, ganz so wie in Mogadischu. Ähnlich desolat die Infrastruktur: Die Wasserversorgung funktioniert nicht mehr, Strom gibt es keinen, die meisten Schulen sind seit Jahren geschlossen. Die Hauptstadt der neuen Republik Somaliland ist eine Ruine. Bereits Anfang der 80er Jahre begann in Hargeisa der militante Widerstand gegen das Regime Siyad Barres; 1988 schließlich eskalierten die bewaffneten Auseinandersetzungen zu einem konventionellen Stellungskrieg.

Am nächsten Tag treffe ich Yusuf Ali Sheikh Madar, den Außenminister der „neuen Republik". Wir kennen uns schon von einem Interview, das ich in Deutschland mit ihm führte. Die alte Bekanntschaft ist für den Außenminister Grund genug, mir etliche Stunden zu widmen und mit mir eine Sightseeing-Tour durch Hargeisa zu unternehmen. Da er über keinen Wagen verfügt – nur der Präsident besitzt ein Fahrzeug –, benutzen wir das von mir gemietete Auto. Durch die Trümmerlandschaft des Stadtzentrums fahren wir einen kleinen Hügel hinauf. Oben befindet sich ein unversehrter kleiner Kuppelbau, mit weißer Farbe frisch gestrichen, das Grab seines Großvaters. „Sheikh Madar, der Vater meines Vaters, hatte islamische Wissenschaften in Harrar, also in Ostäthiopien, studiert. Zu Beginn des 20. Jahrhunderts – ich weiß nicht genau, wann – kam er hierher zurück nach Somaliland. Mein Großvater gründete dann die erste alle Stämme und Clans übergreifende Organisation in Nordsomalia; ferner lehrte er den Islam und dessen Wissenschaften. Er war es, der aus dem unbedeutenden Dorfflecken Hargeisa eine Stadt machte. Seiner spirituellen Führung hatten es die Bewohner zu verdanken, daß in jener Zeit Recht und Ordnung herrschten."

Der Stadtgründer rettete einem britischen Lord, den ein Löwe angefallen hatte, das Leben. Als Dank ließ der fremde Adlige ihm ein Haus bauen, die spätere Grabstätte Sheikh Madars. Ich frage den Außenminister, ob er von Anfang an dabeigewesen sei, als der Norden seinen Widerstand gegen die Barre-Diktatur organisierte.

„Ich war der erste Vorsitzende der SNM, der Somalischen National-Bewegung. Unsere Widerstandsbewegung wurde 1981 im Exil in London gegründet, ein Jahr später verlegten wir unseren Sitz nach Äthiopien, um von dort den aktiven Kampf gegen Siyad Barre zu starten. Auf dem ersten Kongreß in Äthiopien wurde ich dann zum Präsidenten gewählt. Unter meinem Vorsitz begann anschließend der bewaffnete Widerstand.

„Was waren denn die Hauptgründe für Ihren Kampf gegen das alte System?"

„Nachdem alle legalen Mittel erschöpft waren, unsere Unterdrückung, unsere wirtschaftliche Ausbeutung, unsere politische Entrechtung durch die Mogadischu-Regierung zu beenden, erst als alle friedlichen Mittel gescheitert waren, griffen wir zu den Waffen. Siyad Barre war es doch, der uns mit der Kugel beherrschte und ganz Somalia so regierte. Deshalb dachten wir, die einzige Sprache, die Barre noch versteht, ist die Sprache des Gewehrs. Unseren jahrzehntelangen Zweiter-Klasse-Status ein für allemal zu beenden, dafür kämpften wir, zehn Jahre lang, dann waren wir schließlich erfolgreich. Ja, wir haben gesiegt! Aber die Folgen dieses Krieges sind fürchterlich. Unser Land ist verwüstet, total am Boden, nicht nur Hargeisa, sondern auch die anderen Städte, die Dörfer, die Siedlungen, die Infrastruktur: Alles, was ein Überleben möglich macht, liegt in Schutt und Asche. Unsere Städte sind nur noch Geisterstädte."

In den Augen des Außenministers ist die Ausrufung einer eigenen Republik keine Sezession vom übrigen Somalia. „Seit Ende des 19. Jahrhunderts waren wir getrennt. Der mittlere Landesteil und der Süden standen unter italienischer Kolonialherrschaft, während wir im Norden von den Briten beherrscht wurden. Wir erhielten zuerst unsere Unabhängigkeit und schlossen uns dann – als die Italiener abgezogen waren – mit dem anderen Teil zusammen. Wenn Sie es also richtig betrachten, ist die Proklamation unserer neuen Republik nichts anderes als die Herstellung des alten Zustandes." Dieser Auffassung ist die internationale Gemeinschaft bisher nicht gefolgt: Die „Republik Somaliland" wird von keinem Land der Welt als eigener Staat anerkannt.

Erfüllte und unerfüllte Prophezeiungen

Ich erinnere mich an meinen ersten Besuch in Hargeisa, 1982 war das. Damals lauschten die Leute allabendlich der „Stimme des Kampfes", einem Radiosender, den die somalische Opposition vom benachbarten Äthiopien aus betrieb. Jede Sendung begann mit dem Aufruf, mittels einer nationalen Erhebung das faschistische Joch Siyad Barres abzuwerfen. Im gleichen Jahr kam es zu den ersten Toten in Hargeisa, als bei einer Demonstration mindestens 30 Teilnehmer von Barre-Soldaten erschossen wurden. Ich erinnere mich auch an ein Interview, das ich in jenen Tagen mit einem untergetauchten SNM-Vertreter führte. Dieser war so voller Angst, daß ich mir nicht einmal seinen Namen auf meinem Block notieren durfte. Er schwor mir damals, die Benachteiligung der Nordsomalis werde ein Ende haben; sie im Norden würden so lange kämpfen, bis sie die Südler aus Mogadischu vertrieben hätten. Ich blieb skeptisch, aber er behielt recht. Noch an einem anderen Punkt: Am Schluß unseres Gesprächs sagte er mir, wenn Barre erst einmal gestürzt sei, könne es durchaus zu einem Bürgerkrieg zwischen seinen Gegnern kommen! Dieser alte verschüchterte SNM-Vertreter muß ein sehr weiser Mann gewesen sein. Ich hatte aber immerhin soviel begriffen, daß ich meiner Rundfunksendung den Titel „Zerrissenes Somalia" gab, wie gesagt, vor zehn Jahren.

Rundgang durch das Krankenhaus von Hargeisa. Dieses Krankenhaus ist das einzige funktionierende Hospital der Hauptstadt, das einzig funktionierende in der ganzen Republik Somaliland, die fast so groß ist wie die ehemalige DDR. Der leitende Krankenpfleger, ein Einheimischer, stellt mir einen Patienten vor. Der 17jährige Schüler vor mir hat seinen Fuß verloren. Auf dem Weg in eine private Schule trat der Unglückliche auf eine „Anti-Personen-Mine". Die explodierte und zerfetzte seinen Fuß. Glück noch, daß er nicht verblutete. Der amputierte Beinstumpf jedoch ist nicht verheilt; zweieinhalb Monate nach der Operation wird der

Junge immer noch von einer schweren Infektion geplagt. Bei unserem Rundgang sehe ich noch einige Minen-Verletzte, sonst aber nur Patienten mit „zivilen" Erkrankungen. Insgesamt arbeiten im Hargeisa Hospital 183 Einheimische. Keiner von ihnen erhält ein Gehalt. Der junge Staat ist völlig mittellos und wohl das einzige Land der Welt, das nicht mal seine Minister bezahlen kann.

Im Unterschied zu den sogenannten Krankenhäusern Mogadischus trägt das Hargeisa Hospital diese Bezeichnung zu Recht. Es ist zwar auch nicht das, was sich ein Europäer unter dem Begriff Krankenhaus vorstellt, erfüllt aber guten „Entwicklungsländer-Standard". Das liegt auch daran, daß hier die Organisation Cap Anamur/Deutsche Notärzte über ein Jahrzehnt lang tätig war. Allerdings hat deren Mission vor wenigen Tagen ein abruptes und – wie ich meine – unrühmliches Ende gefunden. Die deutschen Notärzte haben das Projekt aufgegeben und sind auf dem Weg in die Heimat. Vor kurzem war ihnen ihr Nachschub an Medikamenten und Nahrungsmittelhilfe in der Hafenstadt Berbera geplündert worden, eines ihrer Fahrzeuge hatte man ihnen mit Waffengewalt geraubt. Eine Mitarbeiterin wurde bei einer Minenexplosion schwer verletzt. Auch den anderen ausländischen Organisationen – wie beispielsweise „Save the Children Fund" und „Care" – hatten Plündererbanden, aber auch teilweise die verarmte Zivilbevölkerung ihre Hilfsgüter gestohlen. Doch trotz der immer stärker werdenden Anarchie haben sich alle – außer den Deutschen – zum Bleiben entschieden. „Diese Leute hier sind doch schon gestraft genug", kommentiert der Leiter von „Save the Children Fund", „deshalb müssen wir ausharren, bis es wirklich gar nicht mehr geht." Im Krankenhaus von Hargeisa sind die somalischen Ärzte tief enttäuscht über den hastigen Abzug der bundesdeutschen Nothilfeorganisation.

Mit dem Krankenhausdirektor, einem gebürtigen Nordsomali, spreche ich über den vergangenen Krieg und die heutige Situation. „50 000 Menschen wurden in den drei letzten Jahren des Krieges getötet, Hunderttausende sind verletzt worden!" Er selbst hat auf seiten des bewaffneten Widerstandes gekämpft. Als sein eigenes Haus von den Truppen Barres zerbombt wurde und seine Schwester dabei den Tod fand, beschloß er, ja, da blieb ihm nichts mehr anderes übrig, als sich dem Widerstand anzuschließen. „Die Leute hier, die fühlen sich heute glücklich, eben weil sie sich von Barre befreien konnten, der uns über 20 Jahre lang beherrscht hat."

„Und es gibt überhaupt keine Chance mehr dafür, daß Sie sich mit dem übrigen Somalia wieder vereinigen werden?"

„Das hängt von der Situation ab, von den politischen Bedingungen. Aber ich bin mir in einem sehr sicher: Die Menschen hier im Norden, die wollen das nicht, die möchten das nicht, die akzeptieren das nicht; 99 % aller Leute hier, die wollen mit Mogadischu nicht mehr zusammengehen, eben wegen dieser tiefen Feindschaft, eben weil die Nordler von denen aus dem Süden getötet und hingeschlachtet wurden, weil sie beraubt und ausgeplündert wurden."

Besuch bei den Minensuchern

„15 Anti-Personen-Minen und einige Handgranaten fand unser Trupp heute morgen", erzählt mir ein Mitarbeiter von „Rimfire" auf einem Feld vor den Toren Hargeisas. Rimfire ist eine englische Company und beseitigt – mit ausländischem Geld finanziert – eine gefährliche Hinterlassenschaft des Krieges: Anti-Personen-Minen und Anti-Panzer-Minen, die überall in der Umgebung Hargeisas, aber auch an vielen anderen strategischen Orten von den Kriegsparteien, in erster Linie wohl von den Truppen des Diktators, vergraben wurden.

„Im September des vergangenen Jahres begannen wir unsere Arbeit hier. Seitdem haben wir 20000 Minen gefunden und zur Explosion gebracht, Anti-Personen-Minen und Anti-Panzer-Minen." Wie viele Minen noch im Boden sind, wie viele Menschen schon auf eine Mine traten und verletzt wurden, weiß der Rimfire-Mitarbeiter, ein ehemaliger Soldat der britischen Navy, nicht. „Solche Unfälle passieren tagtäglich. Gestern sind drei Lastwagen auf Anti-Panzer-Minen gefahren, östlich von Hargeisa geschah das, unweit der Grenze zu Äthiopien; 16 Menschen wurden dabei getötet und neun verletzt. Überall auf den Straßen begegnen Sie Leuten auf Krücken, die ihren Fuß, einen Teil ihres Beines durch explodierende Minen verloren haben." – Noch über ein Jahr werden die Rimfire-Leute mit der Minenbeseitigung beschäftigt sein: „Vielleicht brauchen wir auch noch wesentlich länger!" heißt es bei den Räumern. Bis dahin werden noch viele Bewohner auf diese teuflischen Erbstücke des Krieges treten.

Anti-Personen-Minen wurden auch aus der Bundesrepublik Deutschland an die Armee Siyad Barres geliefert, von der Firma Dynamit Nobel. Das Bonner Verteidigungsministerium hat Anfang 1992 zwei Minenräumpanzer zur Verfügung gestellt. Diese sollten vom Komitee Cap Anamur/Deutsche Notärzte eingesetzt werden. Da sich das Komitee aber aus der Republik Somaliland zurückgezogen hat, werden die Minenräumer aus England vorläufig allein weiterarbeiten müssen.

Man kann immer nur eine Ahnung besitzen ...

Meine letzte Reise in Nordsomalia hat die Hafenstadt Berbera zum Ziel. Dieses Tor des „Horns von Afrika" nach Arabien war in den Zeiten des Ost-West-Konfliktes zuerst ein Flottenstützpunkt der UdSSR und später der USA. Als wir Hargeisa verlassen, passieren wir einen alten Torbogen mit der Aufschrift „Equal justice under the law", ein Überbleibsel aus der Barre-Zeit. Hargeisa zählte vor der Eskalation des Krieges schätzungsweise 200 000, vielleicht auch 300 000 Einwohner. Sie flohen 1988 fast alle über die nahe Grenze nach Äthiopien, wo ein Großteil von ihnen immer noch in Flüchtlingslagern dahinvegetiert. Mehrere dieser elenden Zufluchtsstätten besuchte ich im Sommer 1991, darunter auch Hartischek, das mit 200 000 Menschen größte Flüchtlingslager der Welt. Damals versicherten mir viele Lagerinsassen, daß sie erst dann in ihre Heimat zurückkehren wollten, wenn die „Republik Somaliland" als eigener Staat anerkannt werde.

Die Asphaltstraße von Hargeisa nach Berbera führt durch eine endlose Dornbuschsavanne: die letzte Vegetationsstufe vor der Wüste. Unterwegs hie und da einige Nomaden mit ihren Dromedar-Herden. Wenn du stundenlang durch eine solche Einöde fährst, wird dir irgendwann klar, daß hier andere Gesetze gelten müssen, daß hier das Leben anderen Bahnen folgt als in jenen Regionen, die von der Natur besser ausgestattet worden sind. Jahrhundertelang haben die Somalis in diesen kargen Landschaften überlebt, mit Organisationsstrukturen, die diesen Verhältnissen angepaßt oder gar durch sie bedingt waren. Als das Land dann 1960 seine „Unabhängigkeit" zugesprochen bekam, wurde ein Staatswesen mit europäischen Strukturen aufgebaut. Alles eigene sollte fortan keine Geltung mehr besitzen: Ein Land wurde „gegen sein Ich" entwickelt, das Verhängnis damit programmiert. Wenigstens jetzt sollte begriffen werden, daß „Entwicklung" hier nur in Kooperation mit den gewachsenen Strukturen möglich ist.

Die eigentlich gute Autoroute nach Berbera ist an zahlreichen Stellen unterbrochen. In die Luft gejagte Brücken zeugen von dem vergangenen Krieg. Doch wir treffen – ich bin mit einem somalischen Fahrer unterwegs – auch auf Zeichen eines neuen Konfliktes: Einige Panzer der Republik-Regierung sind unterwegs in Richtung Norden. In Berbera ist ein General aufmüpfig geworden und hat sich mit seinen Soldaten selbständig gemacht. Die alte Einheitsfront des Großclans der Issak zerbrach vor wenigen Wochen. Es waren die Issaks, die der Barre-Armee einen jahrelangen Abnutzungskrieg lieferten und sie dadurch niederrangen. Der Name „Somalische National-Bewegung (SNM)“, den sie ihrer Organisation gaben, war letztlich nur Etikett. Nach der Proklamation des eigenen Staates verfügte die SNM-Regierung bei weitem nicht über die finanziellen Mittel, die jeder deutsche Bürgermeister eines 500-Seelen-Dorfes besitzt. Nichts hat mich im Norden so erschrocken wie die absolute Mittellosigkeit seiner Regierung. Selbst Schreibblöcke müssen sich die Minister bei den ausländischen Helfern besorgen! Leere Taschen aber sind keine Basis für eine gemeinsame Politik, auch wenn der oberflächliche Blick das Gegenteil vermuten läßt. Folglich mußten die alten Rivalitäten der einzelnen Issak-Clans erneut zutage treten. In Berbera erfahre ich außerdem, daß die Lager der Hilfsorganisationen von Soldaten und der Zivilbevölkerung geplündert wurden. „Die waren alle hungrig, und die Lager waren voll. Wollen Sie sich da wundern, wenn man hingeht und sich nimmt, was man braucht?“ sagt mir ein alter Somali, der für die Hilfsorganisation „Care“ arbeitet. Ansonsten ist in Berbera alles wie bei meinem Besuch vor zehn Jahren. Die materiellen Zerstörungen des Krieges haben die Stadt nicht heimgesucht. Der kleine Schiffsverkehr mit der benachbarten arabischen Halbinsel funktioniert noch. Auf dem Markt ist das Angebot reichlich. „Wir haben die Nase voll von diesen Regierungen“, sagt mir ein Händler, „alles, was wir wollen, ist, in Ruhe gelassen zu werden.“ Zurück in Hargeisa verkündet mir der Außenminister, daß seine Republik im Mai 1993 Mehrparteienwahlen durchführen will.

Auf dem Rückflug nach Dschibuti beschleicht mich dann auch ein Gefühl gewisser Zufriedenheit: „Die Kiste voll mit Material“ – wie wir in unserem Job sagen. Schlimm nur, daß dieses ganze Material aus Informationen und Bildern besteht, die das Wort „Krieg“ so vereinfachend zusammenfaßt. Gut, solange man letzteres selbst noch kapiert. Und auch, wenn man weiß, daß selbst zig Druckseiten das, was „Krieg“ wirklich ist, nur ungenügend beschreiben können.

Das somalische Untergangsszenario 1992:

Entwicklungen, Hintergründe, Rolle der UNO und des Auslands

Von der Unabhängigkeit über den Putsch der Armee zur Herrschaft Siyad Barres

Am 1. Juli 1960 wurden die beiden Kolonialterritorien Britisch-Somaliland und Italienisch-Somaliland zum neuen unabhängigen Staat Somalia vereinigt. Ein bewaffneter Befreiungskampf, wie in vielen anderen Ländern Afrikas, ging diesem Ereignis nicht voraus. Lediglich zu Beginn dieses Jahrhunderts hatten die Einheimischen einen „Heiligen Krieg" gegen die weißen Fremdherrscher geführt. Italienisch-Somaliland war nach dem Zweiten Weltkrieg nur noch Treuhandgebiet Roms, dessen Unabhängigkeitsdatum von der UNO festgesetzt wurde. Die britische Kolonialmacht schloß sich diesem Prozeß an, um die Wiedervereinigung der beiden ausschließlich von Somalis bewohnten Regionen zu ermöglichen. Die Nationalflagge der neuen Republik bestand aus einem fünfzackigen Stern, der die Siedlungsgebiete aller Somalis symbolisierte: neben den bereits genannten Territorien noch Französisch-Somaliland, der Ogaden (Osten Äthiopiens) und der Norden Kenias. Dieser „Stern" dokumentierte den Anspruch des jungen Staates, alle mehrheitlich von Somalis bewohnten Gebiete miteinander zu vereinen, ein Auftrag, der auch in der Verfassung festgeschrieben wurde. Zwar führte die Politik der Wiedervereinigung zu etlichen bewaffneten Konflikten, ohne daß sich der Traum eines „Groß-Somalia" jedoch erfüllt hätte.

„Somalia": Hauptstationen der Geschichte bis zur Machtübernahme Siyad Barres

2400 v. Chr.	Ein sagenumwobenes Land „Punt", an der Somaliküste gelegen, liefert Weihrauch und Myrrhe an Ägypten.
8. Jhdt.	Chinesische Quellen erwähnen ein Land mit dem Namen Po-pa-li, das an der östlichen Somaliküste gelegen ist und von Somalis bewohnt wird.
9. Jhdt.	Küstenorte werden islamisch, schrittweise Ausbreitung des Islam ins Innere des Osthorns von Afrika; parallel dazu Ausdehnung des somalischen Sied-

	lungsgebietes in den Osten des heutigen Äthiopiens und in den Norden Kenias.
13. bis 17. Jhdt.	„Blütezeit" verschiedener somalischer Sultanate, eine somalische „Hauptstadt" in Harar (Osten Äthiopiens), gegen Ende dieser Periode Zerfall in eine Vielzahl unabhängiger Herrschaftsgebiete.
Ende des 19. Jhdts.	Eroberung der westlichen somalischen Siedlungsgebiete durch Äthiopien und Einverleibung in den modernen äthiopischen Nationalstaat („Ogaden-Problem"); parallel dazu Kolonisierung Nordsomalias durch die Briten und des Südens sowie des mittleren Landesteiles durch Italien; heutiges Dschibuti wird Französisch-Somaliland.
1899–1920	„Heiliger Krieg" des Emirs Muhammad Abdallah („Mad Mullah") hauptsächlich gegen die britische Kolonialherrschaft.
1941	Briten übernehmen Kontrolle über Ogaden, geben dieses von Somalis bewohnte Territorium jedoch 1948 wieder an Äthiopien zurück: Damit ist der Grundstein für die späteren somalisch-äthiopischen Kriege (1961, 1964, 1977/78) gelegt.
1943	Gründung der „Somali Youth League" (SYL), die für die Unabhängigkeit eintritt und auch nach deren Erreichen wichtige politische Kraft bleibt.
26. 6. 1960	Britisch-Somaliland wird unabhängig.
1. 7. 1960	Italienisch-Somaliland (zu diesem Zeitpunkt Treuhandgebiet) wird unabhängig und vereinigt sich mit dem Norden zur Republik Somaliland.
1963	Von Somalis bewohnter Norden Kenias beginnt jahrelangen „Shifta-Krieg", da die Bevölkerung nicht bei Kenia verbleiben will und für den Anschluß an die Republik Somalia votiert.
Okt. 1969	Putsch der Armee und Machtübernahme Siyad Barres.

Somalia erhielt bei seiner Staatsgründung ein demokratisches Mehrparteiensystem nach westlichem Vorbild. Zunächst galt die junge Republik als Musterland einer afrikanischen Demokratie. Dennoch bestimmten schon sehr schnell die Clan-Interessen (zur Clanstruktur s. u.) jegliche

Politik in Somalia. Alle Parteien (zuletzt 63 an der Zahl) formierten sich entlang der Clan-Linien und waren darauf bedacht, daß der eigene Großfamilienverband bei der Postenvergabe und Ressourcenverteilung möglichst viel abbekam: Das neu geschaffene Staatsganze hatte keine Partei im Auge.

Dominiert wurde die Politik der 60er Jahre vom Clan der Mijerteen (zum Hauptclan der Darod gehörend, heute in der Bürgerkriegspartei SSDF repräsentiert). Ihre Machtabsicherung betrieben die Mijerteen mit Vetternwirtschaft und Korruptionsgeschenken an die konkurrierenden Clans. All dies führte – kombiniert mit einer absoluten Ineffizienz des staatlichen Verwaltungsapparates – zu einer explosiven Situation, die sich 1969 in Unruhen und der Ermordung des Staatspräsidenten Shermarke entlud. Anschließend kam es zu einem unblutigen Putsch der Armee unter Führung des Generalmajors Mohammed Siyad Barre. Die neue Militärjunta hob die Verfassung auf und verbot alle politischen Parteien in dem bis dahin vergleichsweise liberalen Land.

Barre blieb von nun an der erste Mann im Staate mit uneingeschränkten Machtbefugnissen bis zu seinem Sturz im Jahr 1991. Er stützte seine Herrschaft vornehmlich auf seinen eigenen Clan der Marehan, aber auch auf die Ogadeni und die Dolbahante (alle zum Hauptclan der Darod gehörend, sog. MOD-Allianz). Barres Marehan-Clan hatte nur einen Anteil von etwa zwei Prozent an der Gesamtbevölkerung. Die Militärjunta (erst 1976 gewisse „Zivilisierung“ durch Gründung einer sozialistischen Einheitspartei) erklärte den „Wissenschaftlichen Sozialismus“ zu ihrer Leitlinie und schlug einen von der Ideologie des Marxismus-Leninismus bestimmten Entwicklungsweg ein. Dies führte ab Anfang der 70er Jahre zu einer engen Anbindung an die UdSSR, die schon im Jahrzehnt zuvor mit Waffenlieferungen an Somalia begonnen hatte und dies nun verstärkt fortsetzte. Anfänglich war die Militärregierung unter der städtischen Bevölkerung relativ beliebt. Sie vermochte es auch, die Somalis für Entwicklungskampagnen zu mobilisieren, wozu beispielsweise eine landesweite Alphabetisierungs-Aktion gehörte. Über 1000 Schulen wurden neu errichtet, was die Zahl der Schüler um 250000 wachsen ließ. Außerdem konnten Projekte gegen die in einigen Landesteilen fortschreitende Verwüstung erfolgreich abgeschlossen werden. Barres Politik bemühte sich zunächst um einen Ausgleich zwischen dem nördlichen und südlichen Landesteil, ein Kurs, den er etwa ab Mitte der 70er Jahre allmählich aufgab.

Siyad Barres politische Kehrtwende zum Westen und ihre Folgen

Somalias Niederlage im Ogadenkrieg bedingt katastrophalen Wirtschaftsruin

Nach einer politischen Kehrtwende Ende der 70er Jahre schaffte es der ehemalige Sozialist Siyad Barre, sich dem Westen als politischer Freund und verläßlicher Partner im Großmächte-Gerangel um das Horn von Afrika anzudienen. Dies war einer der beiden Hauptgründe, warum der Potentat aus dem Westen reichlich Hilfe erhielt. Der zweite Hauptgrund lag darin, daß Siyad Barre als Großmeister der politischen Schacherei ein skrupelloses Spiel mit den Flüchtlingen in seinem Land betrieb. Für die Bundesrepublik Deutschland gab es noch einen speziellen Grund, gegen Siyad Barre „Dankbarkeit" zu zeigen: 1977 war eine von Palästinensern gekaperte Lufthansa-Maschine nach tagelangem Irrflug in Mogadischu gestrandet. Barre gab seine Einwilligung, daß die deutsche GSG-9 das Flugzeug stürmen konnte. Alle Geiseln wurden unversehrt befreit; die Freipressung von RAF-Häftlingen war gescheitert. Deutschland leistete im Anschluß u. a. Ausbildungs- und Ausrüstungshilfe für die somalische Polizei, die später von Barre gegen die eigene Bevölkerung eingesetzt wurde.

1977 marschierten die Truppen Barres in den Osten Äthiopiens, den Ogaden, ein. Dort lebten – wie bereits erwähnt – ebenfalls Somalis. Dennoch war diese Region durch die kolonial beeinflußte Grenzziehung dem äthiopischen Staat und nicht Somalia einverleibt worden. Barres Krieg um die Wiedervereinigung endete allerdings mit einem militärischen Desaster für seine Armee. Die Hauptursache hierfür war, daß Somalias Bündnispartner UdSSR unmittelbar vor Kriegsbeginn die Seiten gewechselt hatte und von nun das politisch und strategisch wichtigere Äthiopien unterstützte.

Somalia hatte bei der Invasion Äthiopiens sein gesamtes militärisches Potential eingesetzt, das dann zerstört wurde. Die folgende Wiederaufrüstung der Armee sowie deren Neuformierung verursachten derartige Kosten, daß davon – und durch die ungebrochene Pfründewirtschaft – die ohnehin schwache Wirtschaft des Landes langfristig ruiniert wurde.

Mindestens die Hälfte aller Staatsausgaben flossen in die Armee und den Sicherheitsapparat, der die Bevölkerung in Stasi-Manier terrorisierte.

Mißbrauch von Flüchtlingshilfe zur Kaschierung einer verfehlten Politik

Nach der Niederlage im Ogadenkrieg setzte ein riesiger Flüchtlingsstrom aus dem äthiopischen Osten nach Somalia ein. Siyad Barre verweigerte aber anschließend dem Hohen Flüchtlingskommissar der Vereinten Nationen (UNHCR) jahrelang, Zählungen in den Lagern der Ogaden-Flüchtlinge durchzuführen. Hinter vorgehaltener Hand sprachen UNHCR-Mitarbeiter von 400 000 bis 700 000 Flüchtlingen. Doch offiziell übernahm die UN-Behörde – zunächst jedenfalls – die somalische Regierungsangabe von *1,8 Millionen (!)* Flüchtlingen. Denn der UNHCR ist generell an die Informationen gebunden, die ihm von seinen Mitgliedsstaaten – also von den jeweiligen Aufnahmeländern – übermittelt werden.

Folglich erhielt Somalia Nahrungsmittelhilfe nicht für die tatsächliche Zahl der Flüchtlinge in seinem Land, sondern für die horrend übertriebene Zahl. 200 000 Tonnen Getreide waren das durchschnittlich während der 80er Jahre, etwa 100 000 Tonnen mehr als zur Ernährung der tatsächlichen Flüchtlingszahl notwendig waren. Das zuviel erhaltene Getreide warf Barre zu billigen Preisen auf den Markt der Städte. Der Bevölkerung wurde auf diese Weise Sand in die Augen gestreut. Denn mit einer solchen Strategie konnte der alte Staatschef von seiner miserablen Landwirtschaftspolitik ablenken, konnte seine insgesamt verfehlte Entwicklungspolitik kaschieren: Solange Brot reichlich und preiswert vorhanden ist, entsteht so schnell keine Revolution.

Die „großzügig“ gewährte Nahrungsmittelhilfe des Westens half nicht nur den Flüchtlingen – was ja richtig war –, sondern sie stabilisierte das Regime des Potentaten Siyad Barre. Hätten die ausländischen Geber ihre Nahrungsmittelhilfe auf die tatsächliche Zahl der Flüchtlinge beschränkt, dann wäre es mit der autokratischen Alleinherrschaft Barres und seiner Einheitspartei weit früher zu Ende gegangen, d. h., die Leiden der Bevölkerung wären von kürzerer Dauer gewesen.

Waffen für das Barre-Regime

Laut Angaben des Stockholmer Friedensforschungsinstituts SIPRI haben Ost und West insgesamt rund 1400 Panzer und gepanzerte Fahrzeuge sowie 130 Kampfflugzeuge an das Barre-Regime ausgeliefert. Dieses Waffenarsenal erhielt ein bitterarmer Staat, der – objektiv gesehen – von außen nicht bedroht wurde und in dem gerade zehn Prozent aller Kinder eine Schule besuchen konnten. Die ausländische Unterstützung hatte auch geostrategische Gründe: Der von der UdSSR ausgebaute Tiefseehafen Berbera im Norden Somalias diente seit Ende der 70er Jahre der USA als Versorgungsstützpunkt für ihre Flotte; ferner wurde der Flughafen der Stadt von den USA ausgebaut und u. a. von ihren AWACS-Aufklärungsflugzeugen genutzt.

Wie viele Kleinwaffen vom Ausland geliefert wurden, ist statistisch nicht erfaßt. Zu diesen „Kleinwaffen" gehörten beispielsweise Zehntausende (wenn nicht noch mehr) Anti-Personen-Minen, die von der Barre-Armee hauptsächlich im Krieg gegen den Norden eingesetzt wurden. Dort sind bis heute etwa 1000 Menschen durch diese Minen verstümmelt worden. Experten gehen davon aus, daß noch eine riesige Zahl dieser Anti-Personen-Minen im Boden vergraben ist und eine permanente Lebensgefahr für die Bevölkerung darstellt. Wie viele Rüstungsgüter dem Land geschenkt wurden und wie viele es aus eigenen Mitteln bezahlen mußte, läßt sich nicht sagen. Fest steht nur, daß Somalia Ende der 80er Jahre ein gut gerüstetes stehendes Heer von rund 65 000 Mann besaß und pro Kopf der Bevölkerung über die *meisten Soldaten in ganz Schwarzafrika* verfügte. Neben Ost und West haben auch einige arabische Staaten, insbesondere Saudi-Arabien, die Armee Barres finanziert. Fest steht ferner, daß ein Großteil der von Barre angehäuften Waffen den heutigen Bürgerkriegsparteien in die Hände gefallen ist.

Tabelle 1
Lieferungen von Großwaffensystemen an Somalia (1960–1991)

	Ehemalige Ostblockstaaten (inkl. China und Libyen)	westliche Staaten (inkl. arab. Länder)	Summe
1) Kampfflugzeuge	114	16	130
2) Armeehubschrauber	11	8	19
3) Militärische Ausbildungsflugzeuge	20	25	45
4) Militärische Transportflugzeuge	10	24	34
5) Artillerie-Geschütze	230	10	240
6) Panzer	342	309	651
7) Schützenpanzer und Panzerspähwagen	375	394	769
8) Luftabwehrsysteme	25	22	47
9) Raketen	184	699	883
10) Schnellboote	13	./.	13

Quellenangabe und Anmerkungen: Datenbankausdruck von SIPRI (Stockholm International Peace Research Institute) auf Anfrage; einige der Zahlen sind nicht ganz »sicher«, man muß allerdings vermuten, daß nicht alle Lieferungen bekannt geworden sind.

Somalias Weg in den Staatszerfall und in die totale Anarchie

Der Norden: Sezession und Kampf um Entwicklungsgerechtigkeit

Die Niederlage im Ogadenkrieg hatte die Machtbasis Barres erschüttert. Außerdem war auch durch den Krieg und den immensen Flüchtlingsstrom der nomadische Wirtschaftskreislauf in der gesamten Grenzregion zu Äthiopien schwer getroffen und zum Teil völlig zerstört worden. Ferner wuchsen die Defizite in der Handelsbilanz, und die Auslandsverschuldung nahm astronomische Formen an. All dies wurde zum Auslöser dafür, daß sich die inneren Gegensätzlichkeiten des somalischen Staatswesens erneut entluden. Ein Prozeß, der noch dadurch beschleunigt wurde, daß Barre zu seiner Herrschaftsabsicherung immer mehr polizeistaatliche Maßnahmen einsetzte. Folterungen und Hinrichtungen von politischen Opponenten waren an der Tagesordnung. Offener Widerstand regte sich zuerst im Norden des Landes, im ehemaligen Britisch-Somaliland. Dort formierte sich 1981 die Somali National Movement (SNM), deren Ziel zunächst mehr Autonomie, dann die Abspaltung ihres Territoriums vom übrigen Somalia war.

Die Briten hatten weniger zur Entwicklung ihres Kolonialbesitzes getan als die Italiener. Außerdem ist der Norden an Ressourcen ohnehin ärmer als der sogenannte Süden Somalias, zu dem auch der mittlere Landesteil gehört. Nach der Unabhängigkeit verschärfte sich das ererbte Entwicklungsgefälle noch weiter. Die Zentralregierung in Mogadischu marginalisierte den Norden und investierte hauptsächlich im Süden. Schon in den 60er Jahren kam es daraufhin zu den ersten Sezessionsbestrebungen. Kurz nach ihrer Gründung ging die SNM zum „Hit and Run" des Guerillakampfes über. Die Vergeltungsaktionen der Regierungsarmee verstärkten den Widerstand, statt ihn zu ersticken.

Im Jahr 1988 schließlich eskalierten die Auseinandersetzungen zu einem konventionellen Stellungskrieg, bei dem die Regierungsarmee über 30000 Soldaten unter dem Oberkommando von General Morgan („Schlächter von Hargeisa") eingesetzt haben soll. Nach Schätzungen der Menschenrechtsorganisation „Africa Watch" kamen dabei 50000 Zivilisten ums Leben. UNHCR-Angaben zufolge flüchteten etwa 500000

Nordsomalis ins benachbarte Äthiopien, wo ein Großteil von ihnen auch heute noch in Flüchtlingslagern dahinvegetiert. Der SNM war es jedoch gelungen, die Armee Barres in dem jahrelangen Abnutzungskrieg niederzuringen.

Der Endkampf gegen die Diktatur Barres

Der Krieg im Norden Somalias, die Bombardements der somalischen Luftwaffe gegen die eigene Bevölkerung – all dies fand in der Weltöffentlichkeit keinen Niederschlag. Im Inland jedoch gab Barres versuchter Vernichtungsfeldzug gegen den Norden den Anstoß zur Gründung weiterer bewaffneter Oppositionsbewegungen. Militärische Bedeutung erlangten jedoch nur zwei: der Vereinigte Somalische Kongreß (United Somali Congress, USC) und die Patriotische Bewegung Somalias (Somali Patriotic Movement, SPM). Beide Parteien wurden 1989 gegründet. Es kam jedoch nicht zur Bildung einer gemeinsamen Front: Der USC operierte im mittleren Landesteil und die SPM im Süden, während die SNM im Norden ihren Kampf fortsetzte. Die Anti-Barre-Kräfte verständigten sich jedoch darauf, daß nach dem Sturz des Diktators eine *nationale Versöhnungskonferenz* zur politischen und wirtschaftlichen Neuordnung des Landes stattfinden sollte.

Parallel zur Gründung von USC und SPM regte sich auch mannigfacher ziviler Widerstand in der Hauptstadt: Studenten und religiöse Würdenträger des Islam sowie der katholischen Kirche opponierten gegen das Barre-Regime. Die „100 einflußreichsten Männer des Landes" formulierten ein Manifest gegen den Alleinherrscher („Manifesto-Gruppe"). Barre reagierte wie oftmals zuvor mit einer Strategie von Zuckerbrot und Peitsche. Sicherheitspolizei und Armee gingen einerseits mit skrupelloser Härte gegen Demonstranten (etliche Todesopfer, Verhaftungen ohne Anklage) vor, andererseits bot Barre im August 1989 die Aufhebung des Einparteienstaates und die Einführung des Mehrparteiensystems an. Doch Barres Wendemanöver zum Perestroika-Politiker fand keine Resonanz. Denn mittlerweile standen praktisch alle Clans (je nach Definition etwa 40 bis 100) gegen ihn.

Anfang Dezember 1990 begann der Endkampf um Mogadischu. Obwohl Barre bereits die Kontrolle über das gesamte Land verloren hatte, wehrte er sich mit der ihm treu ergebenen Marehan-Armee, bis die Kräfte der Opposition unmittelbar vor seinem Präsidentenpalast standen. Am 27. Januar 1991 gelang ihm dennoch die Flucht in einer kleinen Panzerkolonne. Er konnte sich in den Süden des Landes durchschlagen, von wo aus er ein Jahr später erneut ins Zentrum vorrückte.

Der 1. Bürgerkrieg der Nach-Barre-Ära: Kampf gegen die Alleinherrschaft des USC

Einen Tag nach der Flucht Barres erklärte der USC Ali Mahdi Mohammed, einen Hotelbesitzer und Geschäftsmann, zum neuen Staatschef des Landes. Zwar lud Ali Mahdi wenig später zu einer Nationalkonferenz aller politischen Bewegungen ein, aber eben als Staatschef, was ein Bruch der alten Vereinbarungen war. Denn die neue Regierung sollte erst durch die Nationalkonferenz bestimmt werden. Während Ali Mahdis Regierungsübernahme von der SNM aus dem Norden als „null und nichtig" bezeichnet wurde, zog die SPM aus dem Süden gegen die USC-Regierung in Mogadischu in den Krieg. Dieser erneute Waffengang endete im Sommer 1991 mit der formell erklärten Sezession Nordsomalias und der Versöhnungskonferenz von Dschibuti, an der allerdings die SNM und die neu formierte Barre-Partei (SNF, Somali National Front) nicht teilnahmen. Die Dschibuti-Konferenz schloß mit einem Kompromiß: Einerseits wurde Ali Mahdi als Interimsstaatschef für eine Periode von zwei Jahren bestätigt, andererseits machte man ihm zur Auflage, unter Beteiligung aller ehemaligen Anti-Barre-Kräfte eine neue Regierung zu bilden.

Die Sezession des Nordens war insofern nicht erfolgreich, weil die neu proklamierte „Republik Somaliland" (identisch mit Britisch-Somaliland) bisher von keinem Staat der Welt anerkannt worden ist. Sie findet auch nicht die ungeteilte Zustimmung der dort lebenden Bevölkerung, die schätzungsweise 1,3 Millionen Menschen zählt. Zwar gehört die große Mehrheit der Nordler zum Hauptclan der Issak, von dem die Abspaltung betrieben wurde. Aber daneben gibt es bedeutsame Minderheitenclans (Gadabursi, Dolbahante, Issa), die für einen Verbleib im somalischen Gesamtstaat eintreten. Die Spannung zwischen beiden Lagern zeigt sich beispielsweise darin, daß der „Regierung" der Republik Somaliland nur Issak-Clanmitglieder angehören (zur sonstigen Entwicklung vgl. die Reportage).

Der 2. Bürgerkrieg der Nach-Barre-Ära: Der USC zerbricht und spaltet das gesamte Land

Zwar kam Ali Mahdi den Auflagen der Dschibuti-Konferenz nach, aber bei der Regierungsneubildung überging er den legal gewählten Präsidenten des USC: General Mohammed Farah Aideed. Daraufhin zerbrach der USC im September 1991 endgültig in zwei feindliche Lager, was den zweiten Bürgerkrieg der Nach-Barre-Ära auslöste. Die Kämpfe wurden zunächst nur in der Hauptstadt ausgetragen, griffen dann aber Schritt um Schritt auf weite Teile des Landes über. Bis März 1992 forderten die Kämpfe allein in Mogadischu und dessen Umfeld nach Schätzungen des Internationalen Komitees des Roten Kreuzes (IKRK) 30 000 Tote.

Dieser letzte Krieg um Somalia hat nicht nur zur Auflösung aller staatlichen Strukturen geführt, sondern er hat das gesamte Land mit einer neuen Spaltungslinie durchzogen: Auf der einen Seite steht das „Mahdi-Lager" und auf der anderen das „Aideed-Lager"; alle Clans und Bürgerkriegsparteien formieren sich um diese beiden Blöcke oder sind bereits an ihnen zerbrochen.

Der Vereinigte Somalische Kongreß (USC) und der Konflikt zwischen Ali Mahdi und Aideed

1. Der USC repräsentiert den Hauptclan der Hawiye. Die Hawiye siedeln im mittleren Landesteil und der Hauptstadtregion. Militärisch gesehen hatte der USC den *direkten* Sieg gegen das Barre-Regime errungen, weil seine Einheiten allein in der Hauptstadtregion kämpften. Dieser Sieg wäre jedoch ohne den Kampf der andere Anti-Barre-Bewegungen („Zermürbung") nicht möglich gewesen.

2. Man kann seit der Gründung des USC von der Existenz zweier Flügel sprechen, deren Exponenten Ali Mahdi und Aideed sind. Aideed repräsentiert den „ländlichen" und Mahdi den „hauptstädtischen" Flügel sowie einen bedeutenden Teil der somalischen Exilanten. Aideed führte den Krieg von außen – er rückte auf dem Landweg gegen Mogadischu vor –, während die Mahdi-Gruppe den alten Diktator aus der Hauptstadt heraus bekämpfte. Militärisch weitaus stärker war und ist bis heute der Aideed-Flügel, der somit den entscheidenderen Teil zum Sturz des Regimes beigetragen hat.

Karte 3
Somalia: Siedlungsgebiete der Hauptclans und Bürgerkriegsparteien (Ende 1992)

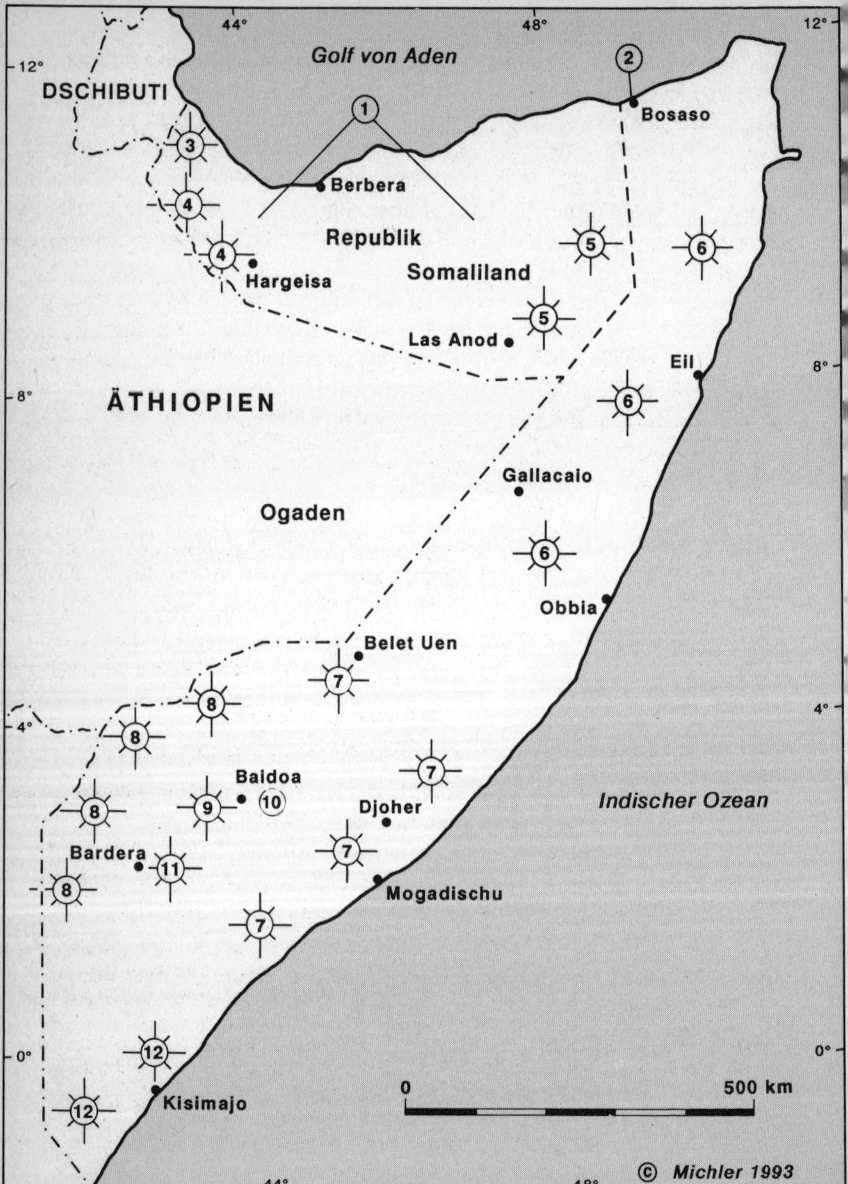

Legende zu Karte 3

① *Sonderproblem Nordsomalia:* de facto Sezession seit Mai 1991, identisch mit ehemals Britisch-Somaliland, Befreiungskrieg gegen „Mogadischu-Unterdrückung" seit Anfang der 80er Jahre, dominierende Bewegung SNM, Somali National Movement (gegründet 1981), gestützt auf Hauptclan der Issak, daneben *noch drei weitere* Bewegungen der Minderheiten-Clans der Region.

② *Bosaso:* islamisch-fundamentalistische Gruppen, schwere Kämpfe mit der SSDF.

③ USF, United Somali Front des Issa-Clans (Issas leben auch in Dschibuti).

④ SDA, Somali Democratic Alliance des Gadabursi-Clans (gegründet 1989) vermutlich mehrheitlich auf Aideed-Seite stehend.

⑤ USP, United Somali Party des Dolbahante-Clans, zumindest teilweise mit SSDF kooperierend.

⑥ *Nordostsomalia:* SSDF, Somali Salvation Democratic Front (gegründet 1981), repräsentiert den Mijerteen-Clan, Allianz mit USC-Mahdi-Lager.

⑦ *Mittleres Somalia/Hauptstadt:* USC, United Somali Congress (gegründet 1989), repräsentiert den Hauptclan der Hawiye, offene Spaltung seit September 1991: Bürgerkrieg zwischen USC-Mahdi-Lager (Hawiye-Subclan der Abgal) und USC-Aideed-Lager (Hawiye-Subclan der Haber Gedir).

⑧ *Äthiopisch-somalisches Grenzgebiet der Bardera-Region:* SNF, Somali National Front (gegründet 1991), gestützt auf Barres Clan der Marehan, Krieg gegen Aideed-Lager; im Oktober 92 neue schwere Kämpfe: Eroberung von Bardera durch SNF, vorübergehender Zusammenbruch aller Hilfsaktionen in dieser Großregion.

⑨ *Baidoa/Zentral-Somalia:* SDM, Somali Democratic Movement (gegründet 1989?), repräsentiert Rahanwein-Clan, gespalten in Pro-Aideed- und Pro-Mahdi-Fraktion.

⑩ *Baidoa-Region:* von Hungersnot am schlimmsten betroffene Region.

⑪ *Bardera:* Sitz und neues Machtzentrum Aideeds (während der Sommermonate 92).

⑫ *Kisimajo/Südsomalia:* SPM, Somali Patriotic Movement (gegründet 1989), repräsentiert den Clan der Ogadeni, gespalten in Pro-Aideed- und Pro-Mahdi-Fraktion.

Anmerkungen
Die „Kontroll- und Einflußgebiete" der einzelnen Bürgerkriegsparteien sind nur ungefähr (s. o.) definierbar; außerdem sind hier nur die größten Bewegungen aufgeführt, was jedoch nicht heißt, daß die übrigen ohne Bedeutung sind.

Stationierungsorte der 3500 UN-Soldaten (nach Resolution 775 des Weltsicherheitsrates vom 28. 8. 92): 500 in Mogadischu, je 750 in Berbera, Bosaso, Kisimajo und im Südwesten, außerdem noch logistische UN-Einheit von rund 700 Mann (Kosten 130 Mio. US-Dollar für sechs Monate).

Die Bundeswehr flog mit zwei Transalls (je zehn Tonnen Hilfsgüter-Zuladung) vom kenianischen Mombasa aus von August bis Oktober 1992 nach Mogadischu, Hoddur und Bardera.

Soweit die Einsatzpläne der multinationalen Schutztruppen bis zum 12. 12. 1992 bekannt waren, werden diese hauptsächlich im Süden des Landes stationiert (vgl. Karte 5, S. 97).

3. Entlang dieser militärischen und soziokulturellen Trennlinie verläuft noch eine andere Spaltung: Der Hauptclan der Hawiye teilt sich u. a. in die beiden Subclans der Abgal und der Haber Gedir. Die Abgal leben traditionell in der Hauptstadt und bilden den USC-Mahdi-Flügel, während die Mehrheit der Haber Gedir in den ländlichen Regionen siedelt und die Hauptkräfte der USC-Aideed-Fraktion stellt.

4. Die Berufung Mahdis zum neuen Staatschef im Januar 1991 wurde von Aideed als Affront betrachtet, da er sich um die Früchte seines Sieges betrogen sah. Als es im August 1991 zu einer Regierungsneubildung unter Mahdi kam, an der Aideed (als Parteivorsitzender des Gesamt-USC) nicht beteiligt wurde, kam es zum endgültigen Schisma. Aideed wirft Mahdi darüber hinaus vor, mit den Kräften des alten Regimes nicht strikt genug gebrochen zu haben. Tatsächlich hat Mahdi einige Funktionsträger der Barre-Regierung in seinen Beraterstab übernommen.

5. Die meisten der anderen sogenannten politischen Bürgerkriegsparteien haben sich mittlerweile entlang der Linie Aideed–Mahdi gespalten und gehören der jeweiligen Bündnisgruppierung dieser beiden Lager an (Aideed-Lager = SNA, Somali National Alliance).

6. Insgesamt hat Ali Mahdi einen ganz wesentlichen Verursacher-Anteil an der Bürgerkriegsmisere: Er provozierte die übrigen Anti-Barre-Kräfte, als er gegen jegliche Absprachen die Macht im ganzen Land allein übernehmen wollte. Und er trieb Aideed in die Opposition, weil er ihn durch zahlreiche Manöver politisch „erledigen" wollte.

Der Krieg um Mogadischu endete im März 1992 mit einem militärischen Patt. Seitdem herrscht zwischen den USC-Fraktionen General Aideeds und Ali Mahdis – von sporadischen Gefechten abgesehen – ein „offizieller" Waffenstillstand, der unter Federführung der UN ausgehandelt wurde, aber *nur* für Mogadischu gilt! An dieses Stillhalteabkommen fühlen sich die zahlreichen Plündererbanden der Hauptstadt freilich nicht gebunden: Schießereien, Raubüberfälle, allgegenwärtiger Terror bestimmen daher nach wie vor den Alltag Mogadischus.

„Ich will zurück in die Hauptstadt, will dort wieder Recht und Ordnung herstellen", verkündete der alte Potentat Siyad Barre und ließ Ende April 1992 seine Marehan-Kämpfer von Baidoa aus auf die Hauptstadt vorrücken. Die Gegenoffensive General Aideeds konnte der über 70jährige und schon senil gewordene Barre nicht mehr bestehen: Anfang Mai 1992 (eventuell auch schon am 28. 4.) floh er aus dem Land und erhielt zwei Wochen später in Nigeria politisches Asyl. Aideed, der bei seinem Gegenschlag von Mogadischu aus tief ins Landesinnere vorgestoßen war, kehrte monatelang nicht in die Hauptstadt zurück. Freilich verblieb ein Teil seiner Truppen in Mogadischu, um gegen die Kämpfer Ali Mahdis die Stellungen zu halten.

Nach Aussagen etlicher Beobachter vor Ort war Aideeds Soldateska in zahlreiche Plünderungen und Überfälle auf Hilfsgüter in der Hauptstadt verwickelt. Dies hätte der Weltsicherheitsrat schon Anfang 1992 als *„Verbrechen gegen die Menschlichkeit"* werten können, was wiederum Grund genug gewesen wäre, in den Konflikt mit *kämpfenden* UN-Truppen einzugreifen.

Während der Sommermonate 1992 schickte sich General Aideed an, im 300 Kilometer westlich von Mogadischu gelegenen Bardera ein zweites Machtzentrum aufzubauen. Der alte Militärstratege hatte erkannt, daß er in der Hauptstadt den „Endsieg" gegen die Kämpfer Ali Mahdis nicht würde erringen können. Tatsächlich vermochte es Aideed nicht, den Abgals unter Ali Mahdi während des sechs Monate dauernden Hauptstadtkrieges auch nur einen einzigen Straßenzug abzuringen. Folglich wollte er in Bardera eine neue „Allianz des Landes" gegen die feinen Herren und europäisch geprägten Geschäftsmacher in der Hauptstadt schmieden. Zwar gelang es ihm, ein neues Bündnis ins Leben zu rufen (SNA, Somali National Alliance), aber sein geplanter Marsch auf die Hauptstadt wurde vereitelt: Für dieses Vorhaben kamen die späten UN-Truppen (500 Pakistanis) dann doch zu früh. Dies erklärt auch – zumindest teilweise –, warum sich Aideed gegen und Ali Mahdi für die Stationierung eines größeren UN-Truppenkontingentes aussprach. Für Aideed sind die Blauhelme ein vermutlich unüberwindbares Hindernis auf dem Weg zur Macht, während sie für Ali Mahdi eine Garantie bedeuten, ein Stück des somalischen Machtkuchens auch weiterhin in der Hand zu behalten, eben durch die Festschreibung des militärischen Status quo. Als die ersten pakistanischen Blauhelme Mitte September 1992 nach Mogadischu einrückten, kehrte Aideed aus Bardera in die Hauptstadt zurück.

Einen Monat später nutzten Barres Anhänger (SNF) das in Bardera entstandene Machtvakuum und eroberten unter Führung General Morgans die Stadt. Derweil verschärfte sich Aideeds Position gegenüber den Blauhelmen: Den vom Weltsicherheitsrat beschlossenen Einsatz von weiteren 3700 Mann lehnte er strikt ab. Erst als eine internationale Intervention unter US-Kommando beschlossen wurde, lenkte er ein (vgl. weiter unten).

Welchen Machtfaktor die militanten *islamischen Fundamentalisten* darstellen, läßt sich ebenso schwer beurteilen wie die Stärke der sogenannten Bürgerkriegsparteien, die ihre Kräfte auf in der Tat sagenhafte Weise übertreiben. Es steht jedoch fest, daß die jüngsten Bürgerkriegswirren und das entstandene anarchistische Chaos im ganzen Land den fundamentalistischen Gruppen erheblichen Auftrieb gegeben haben. Sie stellen im Untergangsszenario Somalias an manchen Orten den letzten Ordnungsfaktor dar. Darüber hinaus ist am gesamten Horn von Afrika inklusive des Sudan ein Erstarken muslimischer Bewegungen generell und der fundamentalistischen Strömungen im besonderen festzustellen. Moslemgruppen sind einerseits unter den Flüchtlingen im kenianisch-somalischen Grenzgebiet tätig, und andererseits haben sich die Islamisten im Norden Somalias (Region von Bosaso) mit der SSDF (vgl. Karte 3) heftige Kämpfe geliefert. Die Fundamentalisten sollen dabei angeblich von der „Islamischen Front zur Befreiung Oromias", die in Äthiopien agiert, unterstützt worden sein. Wiederholte Äußerungen seitens der sudanesischen Regierung lassen vermuten, daß sie die islamische Bewegung in Somalia fördert.

Weitere Details zum Bürgerkriegsgeschehen (z. B. Waffenstillstandsverhandlungen, erneute Offensive der Barre-Kräfte) enthält die Chronik (S. 103 ff.).

Die tieferen Ursachen der gegenwärtigen Katastrophe: Basisdemokratie, Solidargemeinschaft und traditionelle Nebeneinandergesellschaft

„Soo maal – gehe hin und melke." Somalia hat die über 1000jährige Existenzform seines Volkes in den Staatsnamen übernommen. Denn die große Mehrheit der Somalis waren und sind Nomaden. Auf der politischen Landkarte Afrikas ist Somalia ein Sonderfall. Während die 45 anderen schwarzafrikanischen Länder *Vielvölkerstaaten* sind, lebt in Somalia nur *ein Volk* mit einer gemeinsamen Sprache, Geschichte, Kultur und einer gemeinsamen Religion: Alle Somalis betrachten Allahs Propheten Mohammed als ihren gemeinsamen Stammvater.

Dennoch demonstrieren die Somalis nur nach außen hin Geschlossenheit, handeln nur dann als *ein* Volk, wenn sie von fremden Mächten bedroht oder angegriffen werden. Nach innen freilich sind sie tief gespalten, zersplittert in eine Unzahl von Groß-Clans, Clans, Sub-Clans und Blutzollverbänden. Die Clans – vereinfacht ausgedrückt Familienverbände äußerst unterschiedlicher Größe – waren und sind der alles bestimmende Faktor in der somalischen Gesellschaft und Politik.

Diese für ein ganzes Land einzigartige Gesellschaftsstruktur ist auch ein Produkt der klimatischen und geographischen Bedingungen am Horn von Afrika. Etwa neunzig Prozent des somalischen Staatsterritoriums bestehen aus Steppen und aus Halbwüsten. In dieser kargen und menschenfeindlichen Natur konnten keine großen Staatsgebilde entstehen. Vielmehr mußten hier die Menschen ihr Überleben in kleinen Gruppen organisieren, in Familienverbänden, die auf der Suche nach frischen Weidegründen die unendlichen Weiten am Horn von Afrika durchzogen. Diese Existenz- und Produktionsform warf keinen Reichtum ab, aber doch genügend für ein Leben ohne Hunger und Not. Die nomadisierenden Somalis führten zwar einen ständigen, letztlich jedoch siegreichen Kampf mit der harten Natur.

Ihre Lebensform war auch ein guter Nährboden für Unabhängigkeitsstreben, Selbstbewußtsein und Freiheitsliebe. So waren die somalischen Nomadenclans *Gesellschaften von Freien* – von freien Männern allerdings nur –, die auf der Basis absoluter Gleichberechtigung miteinander verkehrten und verhandelten. Hierarchische Strukturen, die allen Gruppen übergeordnet waren, kannten die Somalis nicht: Fürsten, Könige,

Clanstruktur der somalischen Gesellschaft und Bürgerkriegsparteien

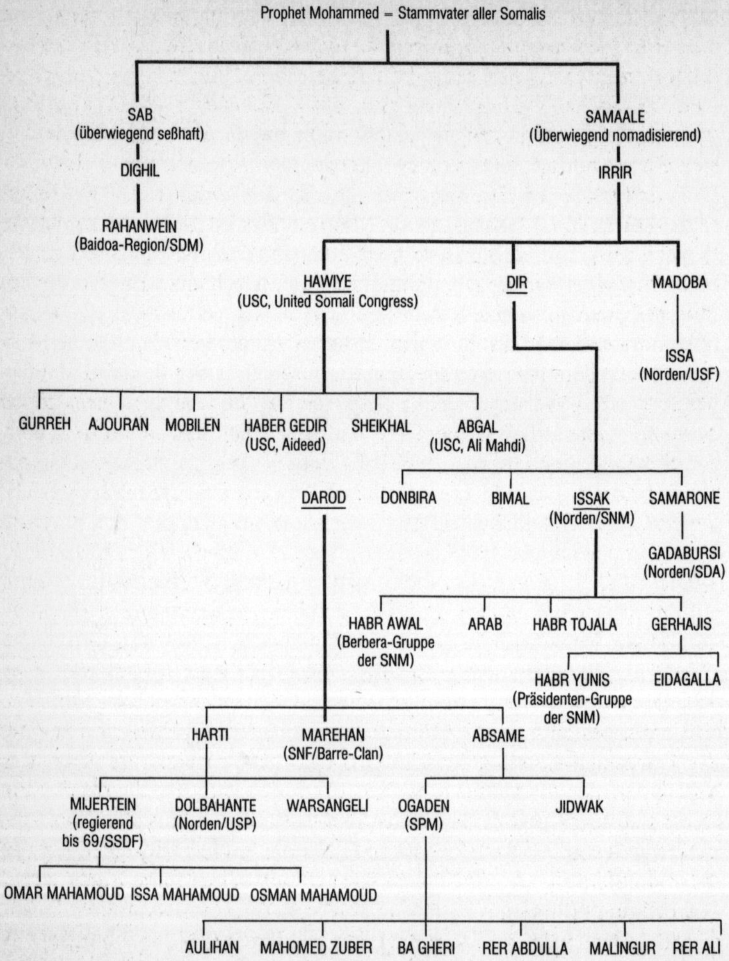

Anmerkungen: Clanogramm auf der Basis von Saadia Touval, Somali Nationalism, Cambridge, Mass. 1963, mit eigenen Ergänzungen; unterstrichen sind die Hauptclans; »Norden« meint »Republik Somaliland«; Mehrheit der Bürgerkriegsparteien gespalten (Aideed- und Mahdi-Lager), andere Darstellungen führen z. T. weit mehr Clans auf. Der Darod-Clan stammt der Sage nach direkt aus Arabien ab; der Darod-Stammvater soll – nach Somalia gekommen – eine Tochter »Dirs« geheiratet haben.

——— Hauptabstammungslinien und bedeutendste Clans

„Staatsoberhäupter" waren dieser Gesellschaft fremd. Die Clans ordneten ihr Zusammenleben – oder besser ihr *Nebeneinanderleben* – durch Einzelverträge und Absprachen. Deren Zustandekommen wurde so lange diskutiert, bis jeder „Freie" sein Einverständnis gab. Insofern kann man von einer *absolut egalitären, basisdemokratischen* Struktur der traditionellen somalischen Gesellschaft sprechen. Wurden die gemeinsamen Absprachen verletzt, setzte man ein Schadensentgelt (meist eine bestimmte Zahl von Tieren) fest, und wenn dieses nicht geleistet wurde, kam es zum bewaffneten Konflikt. Letzteres war freilich oft der Fall.

Traditionell oder historisch gesehen war die somalische Gesellschaft eine *Nebeneinander-Gesellschaft.* Mit der Unabhängigkeit im Jahr 1960 sollte sich dies plötzlich ändern: Jetzt hatten sich alle Somalis den zentralen Machtstrukturen eines modernen Nationalstaates unterzuordnen. Eine weitere Verschärfung kam hinzu, als Siyad Barre 1969 die Macht übernahm und Schritt um Schritt seinen eigenen Clan – die kleine Minderheit der Marehan – in nahezu alle Schaltstellen von Politik und Wirtschaft hievte. Die Unterordnung unter zentralstaatliche Strukturen sowie das Beherrschtwerden durch einen Clan, all dies widersprach dem jahrhundertelang gewachsenen Identitäts- und Selbstbewußtsein der Somalis. Während der über 20jährigen Barre-Herrschaft wurde die somalische Gesellschaft gezwungen, gewissermaßen gegen ihr eigenes Ich zu leben. Dies mußte nach dem Ende des Gewaltregimes zu mächtigen Eruptionen führen. Als Lehre für die Zukunft sollte hieraus beispielsweise folgen, daß die künftige Staatsverfassung keine zentralistische, sondern eine föderalistische sein muß.

In der traditionellen Gesellschaft kam es freilich auch zu bewaffneten Auseinandersetzungen, wenn ein Mitglied des eigenen Clans von Mitgliedern eines anderen Großfamilienverbandes angegriffen wurde oder durch diese einen Schaden erlitten hatte. Die kleinsten Clan-Einheiten waren sogenannte *Blutzollgemeinschaften*: Der einzelne genoß den unverbrüchlichen Schutz aller. Jeder mußte für jeden einstehen, bis zum Einsatz des eigenen Lebens. Konkret: Wurde ein Clan-Mitglied getötet, dann mußten alle Angehörigen dieses Clans gemeinsam Rache üben. Hierbei ging es übrigens nicht nur um Vergeltung, sondern auch darum, die „Balance" in diesem komplizierten Gefüge der Nebeneinander-Gesellschaften aufrechtzuerhalten. Das alte Somalia war somit eine *absolute Solidar-Gemeinschaft,* woran sich bis in die aktuelle Gegenwart hinein praktisch nichts geändert hat.

Nachdem die Zementdecke der Barre-Diktatur im Januar 1991 hinweggesprengt war, begann der Kampf der verschiedenen Hauptclans um die Macht. Denn die politischen Gruppierungen der jüngsten Zeit trennt nicht ein unterschiedliches Parteiprogramm voneinander, sondern lediglich die Clan-Zugehörigkeit ihrer Mitglieder. Als bei den Nach-Barre-Auseinandersetzungen die ersten Todesopfer zu beklagen waren, begann der *Kreislauf von Rache und Gegenrache* bis hin zum Krieg jeder gegen jeden.

Dies macht aber noch etwas anderes klar: In der gegenwärtigen Situation des Clan-Krieges läßt sich ein vergleichsweise rascher Frieden nur durch eine Interventionsmacht von außen erreichen, die den sich selbst speisenden Eskalationskreislauf von Gewalt und Gegengewalt unterbricht und zum Stillstand bringt: Auch diese Aufgabe muß zum Katalog des militärischen Eingreifens durch multinationale Streitkräfte gehören, das mit der Landung der ersten amerikanischen Truppen am 9. Dezember 1992 begonnen hat.

Somalia und die internationale Gemeinschaft: Ohne UN-Schutztruppen keine Rettung für die Hungernden

Medien und UNO: verschlafene Reaktion und geteilte Humanität

„Der Zusammenbruch war abzusehen. Seit über einem Dreivierteljahr standen die Zeichen auf Katastrophe. Aber alle, die es hätten wissen können, haben die Warnzeichen verdrängt – die UNO, die sich in notorischer Nichteinmischungsbeflissenheit erst mal aus allem heraushielt; ebenso die Araber-Liga, die Somalia zu ihren Mitgliedern zählt; der Westen, der ganz auf Bosnien fixiert war. Der Organisation Afrikanischer Einheit war das somalische Elend auf ihrer letzten Vollversammlung nicht einen einzigen Redebeitrag wert", so Erich Wiedemann im „Spiegel" vom 24. August 1992. Wäre der Reporter des Hamburger Nachrichtenmagazins nicht auf einem Auge blind und ehrlich zu den Lesern gewesen, hätte er sein eigenes Blatt in die Verdränger-Liste mit aufnehmen müssen. Denn auch „Der Spiegel" verschlief – wie nahezu alle Medien der Bundesrepublik – die somalische Apokalypse. Genauer gesagt war und ist hier eher „Bewußtlosigkeit" als „Schlaf" im Spiel: Zentrale Ereignisse in der sogenannten Dritten Welt sowie die skrupellose Politik des reichen Nordens gegenüber dem – z. T. von ihm – verarmten Süden sind bei den Informationsfabrikanten unserer Republik generell kein Thema. Der 360-Grad-Kritiker Wiedemann beschönigt noch an einem anderen Punkt: Nicht „Warnzeichen" wurden verdrängt, sondern die bereits eingetretene Katastrophe.

Schon zum Jahreswechsel 1991/92 war Somalia ein einziges Inferno. Darüber berichteten die internationalen Nachrichtenagenturen ausführlich, und außerdem wandte sich das Internationale Komitee des Roten Kreuzes (IKRK) mit dramatischen Appellen an die Weltöffentlichkeit. Die Sachlage war bekannt, jedem Redakteur und jeder Redakteurin, die es wissen wollten. Spätestens im Frühjahr wäre *Sonderberichterstattung* angesagt gewesen. Denn schon damals stellte sich die Situation Somalias in jeglicher Hinsicht schlimmer dar als in den Kriegsgebieten des alten Jugoslawien. Den Katalog meiner eigenen negativen Erfahrungen mit etlichen Redaktionen will ich hier nicht auflisten. Festzuhalten bleibt ledig-

Karte 4
Somalische Bürgerkriegs-Flüchtlinge (Ende 1992)

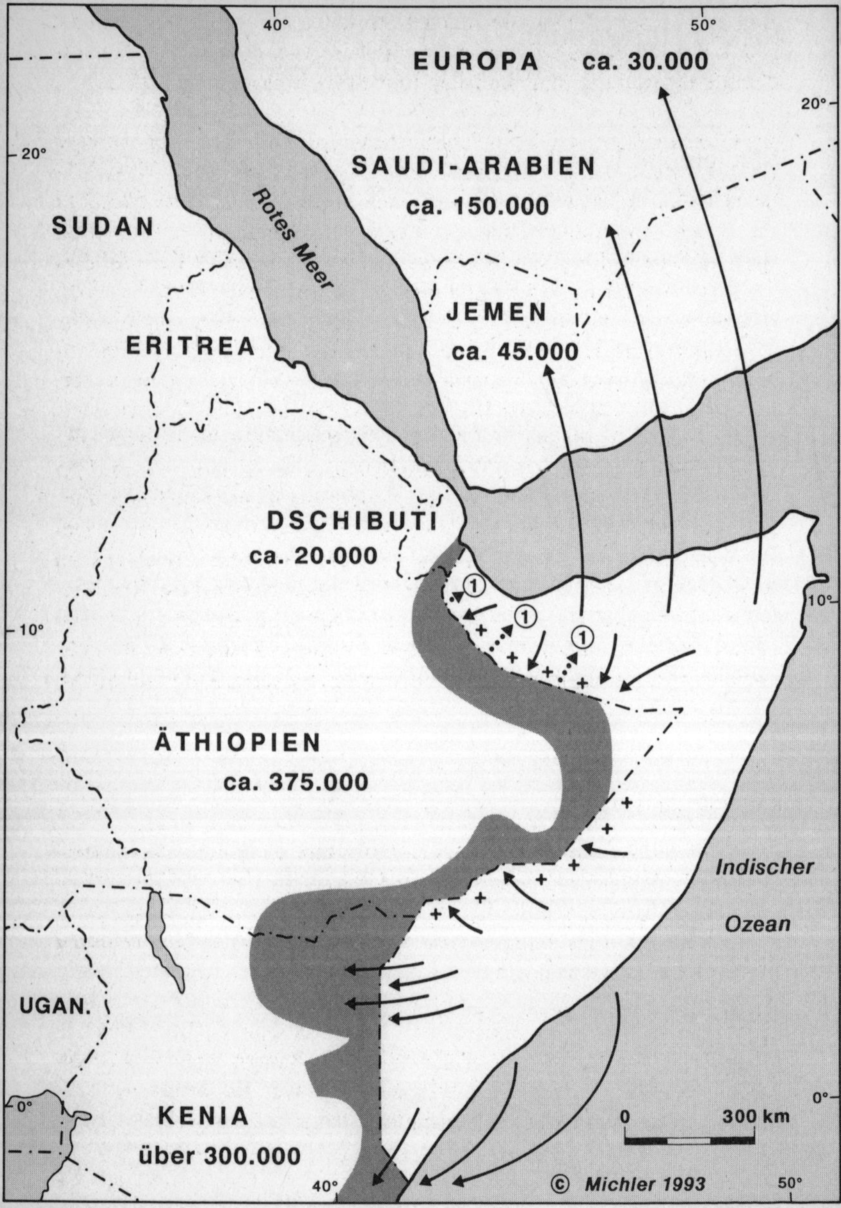

lich, daß über die Nicht-Wahrnehmung hinaus Angebote zur Berichterstattung ausdrücklich abgelehnt wurden: Verrat somit auch am Informationsauftrag der öffentlich-rechtlichen Anstalten und damit viel Verdummung des Publikums – Übertragung freilich auch der eigenen Bewußtseinsdefizite auf die vermeintlichen Interessen der Konsumenten.

Im Glashaus von New York verschlief man die somalische Apokalypse genauso wie in den Redaktionsstuben: Um die Jahreswende 1991/92 – also elf Monate nach dem erneuten Kriegsbeginn – unternahm die UNO ihre ersten Vermittlungsversuche zwischen den Kriegsparteien. Immerhin führten diese Anfang März 1992 wenigstens zu einem Waffenstillstand zwischen den beiden USC-Fraktionen in Mogadischu. Hätte die UNO früher reagiert, also bereits im Februar 1991, dann wäre höchstwahrscheinlich sogar der Ausbruch des zweiten Bürgerkrieges zu verhindern gewesen. Zum laschen Engagement der Vereinten Nationen gehört ferner, daß erst 15 Monate nach erneutem Kriegsbeginn ein Sonderbeauftragter bestellt wurde. Ende März 1992 stimmten die Konfliktparteien einer UN-Überwachung des Waffenstillstandes zu. Es dauerte daraufhin vier Monate, bis die 50 UN-Beobachter in der somalischen Hauptstadt ankamen! Am 24. April 1992 beschloß der Weltsicherheitsrat, ein größeres Kontingent von Blauhelmen zum Schutz von Hilfsmaßnahmen zu entsenden. Aber erst am 11. November 1992 übernehmen diese 500 Blauhelme die Kontrolle des Flughafens in Mogadischu; die Kriegsparteien hatten jedoch bereits am 12. August dem Einsatz zugestimmt. Eine ähnliche Verzögerung ergab sich beim Einsatz von weiteren 3500 UN-Solda-

---

Legende zu Karte 4

① Seit der Eskalation des Bürgerkriegs im Norden (1988) zunächst über 500 000 Flüchtlinge in Äthiopien, von denen mittlerweile knapp 200 000 wieder zurückgekehrt sind.

+ + + Nach dem Ende des Ogaden-Kriegs (1978) etwa 400 000 bis 700 000 äthiopische Flüchtlinge in Somalia, die seit 1990/91 alle wieder nach Äthiopien zurückgekehrt sind.

▒ Haupt-Fluchtgebiete

Der Zustrom somalischer Flüchtlinge nach Kenia dauert im November 1992 noch an (ca. 500 bis 1000 pro Tag).

Alle Zahlenangaben in der Regel nach UNHCR

Lasches Engagement der UNO in Somalia

Zählen die schwarzen Kriegsopfer weniger als die weißen Opfer eines Konfliktes? Eine Frage, die von den Vereinten Nationen jetzt entschieden wurde, eindeutig wie brutal: Schwarze Kriegstote sind Tote zweiter Klasse! Denn: Seit über einem Jahr herrscht Bürgerkrieg in Somalia, seit über einem Jahr ist Somalia in totaler Anarchie versunken. Und klar ist auch seit langem: Ohne internationale Beobachter kein Waffenstillstand, ohne Friedenstruppen von außen kein Ende von Krieg und Chaos! Trotz alledem: Kein beherztes Engagement der UNO, sondern lasche Vermittlungsaktiönchen. Kein hochrangiger Sonderbotschafter wie im Falle Jugoslawiens, wie im Falle Berg-Karabachs. Vor allem aber: Keine UNO-Friedenstruppen wie im Falle Jugoslawiens. Keine Friedenstruppen aus Besorgnis der USA darüber, daß sich die Vereinten Nationen abermals auf eine kostspielige Mission begeben würden. So klar und deutlich sind die Verhältnisse geworden, in der Neuen Weltordnung des George Bush und seiner westlichen Gefolgsleute: Der Frieden in Jugoslawien darf etwas kosten, der Frieden in Somalia nicht! Mehr als 10 000 Friedenshelfer für Jugoslawien, 20 für Somalia – unsere Fronten sind damit auch klar gemacht. Wenn schon keine politische Unterstützung, dann wenigstens humanitäre Hilfe? Humanitäre Hilfe, wie sie 2000 Jahre christliche Ethik gebieten? Nein, auch das soll nicht sein. Butros Ghali hat gesagt: UNO-Hilfe erst dann, wenn Waffenstillstand herrscht. Also: Wir helfen Kriegsopfern nur unter der Bedingung, daß es keinen Krieg mehr gibt. Und auch den sonst so mutigen und kraftvollen Deutschen ist im Falle Somalias aller Schneid abhanden gekommen: Keine Hilfsorganisation aus der Bundesrepublik ist in Somalia tätig. Pakete nach Osteuropa sind eben wichtiger. Und wir in den Medien? Nein, Sonderberichterstattung über Somalia soll nicht sein: Damit alles so bleibt, wie es ist.

Kommentar im Saarländischen Rundfunk, 24. März 1992

ten, die Ende August 1992 vom Sicherheitsrat beschlossen und Anfang Dezember noch nicht im Land waren. Ihre Nicht-Entsendung führte zur weiteren Eskalation der Hunger-Apokalypse, und das wiederum war der Grund, weshalb sich schließlich die USA zum militärischen

Eingreifen (Operation „Restore Hope") unter dem Dach der UNO entschieden.

Irgendein Fernsehteam schaffte dann das, was keinem anderen vorher gelungen war: nämlich, einen größeren Filmstreifen über das somalische Horrorgeschehen in einem Hauptprogramm unterzubringen. Die anderen zogen nach, Somalia war plötzlich – im August 1992 – ein Thema, und zwar international. Dabei war die Situation nur in einigen Gebieten schlimmer als zu Beginn des Jahres, in anderen Regionen (z. B. Mogadischu) sogar besser. Von den grausamen Hunger- und Kriegsbildern aufgeschreckt, gab man sich nun entsetzt und fragte: „Wie kann die Welt so etwas zulassen?" Die vorangegangene Nicht-Berichterstattung wurde verdrängt, die Fragen nach Verantwortlichkeit und Konsequenzen nicht gestellt. Ja, es war gar „in", die verspätete Reaktion auf die Katastrophe mit humanitärer Unerbittlichkeit zu brandmarken. So als habe es bei diesem ganzen Geschehen keine Handelnden gegeben. Daß nicht nur Somalia selbst eine Katastrophe war, sondern auch unser Verhalten dazu, blieb letztlich unveröffentlicht.

Wenn auch die Berichterstattung zu spät kam, sie bewirkte dennoch etwas Gutes: Nur zehn Tage nachdem sich die Medien des Themas angenommen hatte, reagierte die Politik: Hilfe im großen Stil wurde bewilligt, Luftbrücken liefen an, der Sicherheitsrat versprach konzertiertes Handeln, ein VIP-Besuch Somalias folgte dem anderen, gestandene PolitikerInnen brachen öffentlich in Tränen aus. Nahrungsmittel und Medikamente kamen von nun an in größerem Umfang als zuvor nach Somalia.

ABER: Hätten UNO und Medien früher reagiert, dann wäre zwar nicht die Katastrophe, aber doch die Eskalation der Katastrophe zur Super-Katastrophe vermeidbar gewesen. Frühere Hilfe hätte viele Menschenleben retten können. Damit steht allerdings auch fest: Ein Teil des somalischen Massensterbens geht auf das Konto der internationalen Gemeinschaft. Der *Straftatbestand der unterlassenen Hilfeleistung* ist damit erfüllt. „Gut", nur für die Verantwortlichen, daß das entsprechende Gesetz in den Beziehungen zwischen Nord und Süd (noch) keine Gültigkeit hat.

Nur „Eingreiftruppen" können die Hungernden retten

Anfang Oktober 1992 erklärte der damalige Sonderbeauftragte des UN-Generalsekretärs Mohammed Sahnoun, die somalische Gesellschaft sei in tausend Teile zerbrochen. *Anfang Dezember 1992 – unmittelbar vor dem Einmarsch der internationalen Eingreiftruppe – stellt sich die militärische Situation wie folgt dar:*

- Es existieren mindestens fünfzehn bis zwanzig verschiedene Bürgerkriegsparteien, deren Allianzen und Gegnerschaften sich bisher häufig verändert haben und dies auch weiterhin tun werden. In einigen Regionen wird immer noch gekämpft, in anderen gibt es einen instabilen Frieden. Darüber hinaus herrscht in etlichen Landesteilen und insbesondere in der Hauptstadt Mogadischu *totale Anarchie*, und zwar bereits seit *zwei* Jahren. Unzählige *Plündererbanden* treiben ihr Unwesen; sie berauben und terrorisieren nicht nur die einheimische Bevölkerung, sondern sie überfallen auch die ausländichen Helfer sowie die Lager und Transporte von Hilfsgütern (Details vgl. Chronik, S. 103 ff.).
- Viele Plündererbanden operieren in kleinen Gruppen, etliche jedoch in Kompaniestärke: Im Innern des Landes verübten sie große Viehraubzüge, und in den Städten plünderten sie ganze Viertel bis auf die Grundmauern. Die Übergänge zwischen den sogenannten Bürgerkriegsparteien und den Plündererbanden sind in der Regel fließend. Die meisten Kämpfer bleiben – was ihren Nachschub und ihre Versorgung angeht – auf Raubzüge angewiesen. Es gilt mittlerweile als erwiesen, daß viele Soldaten General Aideeds an Plünderungen und Überfällen auf Hilfsgüter beteiligt waren und sind.
- Die Abwicklung der seit Mai 1992 ins Land kommenden Hilfe ist bis Dezember 1992 durch die Anarchiesituation erheblich blockiert worden und gegen Ende des Zeitraums praktisch völlig zusammengebrochen. *Abertausende* von Menschen mußten sterben, weil die Hilfsgüter sie nicht erreichten.
- Die somalischen Bürgerkriegsparteien, viele Clanälteste und „neutrale“ Vermittler aus dem Land haben während der Jahre 1991/92 etliche Versuche unternommen, die existierenden Konflikte aus eigener Kraft zu lösen: Alle diese Unternehmungen sind ergebnislos gescheitert und konnten nicht einmal die weitere Eskalation verhindern. Ebenso ist es keiner Bürgerkriegspartei oder einer ihrer Allianzen gelungen, gegen die Plünderer vorzugehen und deren Treiben Einhalt zu gebieten.

Damit ist nicht nur die Lage unmittelbar vor dem Einmarsch der internationalen Eingreiftruppe beschrieben, sondern auch die Situation der letzten vierzehn Monate vor diesem Zeitpunkt. Spätestens im Frühjahr 1992 stand fest, daß nur noch Schutztruppen von außen die humanitäre Katastrophe würden eindämmen können. Schon im Januar 1992 habe ich in meiner Berichterstattung für den Einsatz von UN-Truppen plädiert und dargelegt, daß in Somalia - ähnlich wie 1989 im Sudan - *geschützte Hilfskorridore* eingerichtet werden müßten. Denn über Luftbrücken ließ und läßt sich die notleidende Bevölkerung nicht versorgen: Die erforderliche Menge von 50000 Tonnen monatlich ist mit Flugzeugen nicht transportierbar. Auch andere Landeskenner sagten immer und immer wieder, daß man - ohne von außen einzugreifen - das Menschenheer der Hungernden nicht würde retten können. Eine solche Intervention hat nichts mit Kolonisation gemein: Denn Kolonisation war immer - neben anderem - die Zerstörung funktionierender einheimischer Gesellschaftsstrukturen. In Somalia aber war und ist das Eingreifen gerade deshalb erforderlich, weil es keine einheimischen Strukturen (bezogen auf alle Somalis) mehr gibt.

Wahrscheinlich würden die Somalis auch aus eigener Kraft „irgendwann" zum Frieden finden. Doch um welchen Preis? *Will man diesen Zeitraum verkürzen und damit eine unübersehbare Zahl von Hungertod-bedrohten Menschen retten, dann bleibt nichts anderes als eine militärische Intervention von außen.*

Zur Begründung und Notwendigkeit des Einsatzes ausländischer Truppen vgl. auch die Chronik im Anschluß (S. 103 ff.).

Hilfe für ein sterbendes Volk: Abstinenz, Engagement und Taschenspielertricks

Während der ersten sechs Monate des Jahres 1992 (und erst recht nicht davor) war keine einzige deutsche Organisation mit eigenen Hilfsprojekten in Mogadischu oder in den übrigen Katastrophenzentren des Landes präsent und aktiv. Auch die anderen Nationen des reichen Nordens waren nur halbherzig engagiert: Lediglich vier ausländische Nicht-Regierungsorganisationen (NRO) halfen in der Hauptstadt und im sogenannten Südsomalia. In der abgespaltenen „Republik Somaliland" waren es fünf oder sechs. Zu ihnen gehörte zunächst noch Rupert Neudecks Komitee Cap Anamur, das seinen Hargeisa-Einsatz im März 1992 wegen der zunehmenden Sicherheitsprobleme beendete. Die anderen ausländischen Hilfsorganisationen blieben in Hargeisa.

Das Internationale Komitee des Roten Kreuzes (IKRK) hat sich in Somalia wirklich einen *Nobelpreis* eigener Art verdient. Schon im Dezember 1990 verließen alle UN-Hilfsorganisationen das Land und kehrten erst 16 Monate später teilweise und mit geringer Besetzung in die Katastrophengebiete zurück. Während dieser Zeit war das IKRK die *einzige* Organisation, die dem Land in großem Stil beistand. Ohne diese Unterstützung wären noch Zehntausende mehr verhungert. Vom internationalen Hilfsapparat allein gelassen, machte das IKRK sein Engagement in Somalia zum größten Einsatz in der Geschichte der Organisation seit dem Zweiten Weltkrieg. Wenn es dem IKRK durch all die Zeit hindurch möglich war, in Somalia zu arbeiten, warum dann nicht auch den UN-Organisationen und den deutschen Hilfswerken? Warum kamen die ersten Nahrungsmittelhilfe-Lieferungen des Welternährungsprogrammes (WFP) erst im Mai 1992 in Mogadischu an? Gewiß ist die Hilfstätigkeit in einem Bürgerkriegsgebiet kein leichtes Unterfangen. Aber gehört sie deshalb nicht mehr zur humanitären Verpflichtung?

Besondere Anerkennung und einen Friedenspreis verdient ferner eine private Hilfsorganisation: SOS-Kinderdorf-International, dessen Arbeit auch mit deutschen Spendengeldern über den Hermann-Gmeiner-Fonds finanziert wird. Wie „SOS" während des ersten Bürgerkrieges der Nach-Barre-Ära den Kriegsverletzten geholfen hat, habe ich in der Reportage beschrieben. Zweieinhalb Millionen Mark hat SOS im Jahr 1992 für seine Projekte in Mogadischu aufgewandt: 15% davon für sein Kinderdorf und 85% zur medizinischen Versorgung von Kindern und Müttern außerhalb des Dorfes. In der SOS-Mutter-Kind-Station befindet sich die einzige funktionierende Geburtenklinik ganz Somalias! Gegenwärtig werden 1200–1500 Kinder pro Tag ambulant behandelt. Der Bau einer neuen Kinderklinik ist in Angriff genommen.

Im November 1992 versorgte das IKRK täglich über eine Million Somalis mit einer warmen Mahlzeit. Zu diesem Zweck hatte die Organisation fast 800 Gemeinschaftsküchen eingerichtet, in denen Hunderte einheimischer Mitarbeiter beschäftigt waren. Darüber hinaus leistete das IKRK auch medizinische Hilfe, beispielsweise in rund 50 Gesundheitsstationen, die über das ganze Land verteilt sind. Das Jahresbudget 1992 für Somalia belief sich auf 256 Mio. Schweizer Franken. Der größte Teil dieser Gelder resultierte freilich nicht aus Spenden, sondern aus öffentlichen Zuwendungen der westlichen Industrieländer.

Wie die Organisation der Hilfe für ein sterbendes Volk zum diplomatischen Spektakel und zur humanitären Wichtigtuerei verkommen kann, zeigt die erste Sonderkonferenz der Vereinten Nationen für Somalia. Sie fand Mitte Oktober 1992 in Genf statt und vereinigte 350 Delegierte aus 89 Ländern am runden Tisch der Humanität. Die UNO wollte Unterstützung einholen, um einen 100-Tage-Rettungsplan in Gang zu setzen. An jedem dieser Tage sollten 1000 Tonnen Getreide Somalia erreichen, wofür 83 Millionen US-Dollar zusätzlich benötigt wurden. Alle fanden den Plan gut und verabschiedeten ihn, freilich ohne bindende Zusagen, das Finanzielle betreffend. Was also war das Ergebnis? Nicht mehr als ein Ansporn, mit den vorhandenen Mitteln das bereits Beschlossene zu realisieren. Trotzdem meldete die Dritte-Welt-Nachrichtenagentur ips, die Geberländer hätten in Genf ein Hilfspaket von *einer Milliarde Dollar (!)* bewilligt.

Es gibt allerdings noch viele weitere Ungereimtheiten und unseriöse Zahlenspiele. Hierzu gehört die doppelte oder gar dreifache Auflistung derselben Gelder in verschiedenen Statistiken, was derart geschickt kaschiert wird, daß es selbst langjährigen Experten nicht auffällt. So führt eine Bilanz des Auswärtigen Amtes die Leistungen aller europäischen Länder und der EG auf. Es erfolgt aber kein Hinweis, daß die Länderbeträge den jeweiligen EG-Anteil bereits enthalten. Addiert man die Liste, dann hat man 170 Mio. DM an Hilfe doppelt gezählt. Die bereits zweimal aufgelistete EG-Hilfe taucht aber teilweise noch in einer dritten Statistik auf. Die EG finanziert nämlich Projekte der privaten Hilfswerke in Somalia. Und deren Angaben für die Presse enthalten meist nur die Summe ihrer Gesamtaufwendungen. Doch selbst wenn man die bereinigt, ergibt sich der Eindruck, daß das Ausland Somalia *außergewöhnlich* tatkräftig geholfen hat: Auf 544 Millionen Mark belief sich 1992 die staatliche Hilfe der Geberländer (bis 10. Dezember). Vergleicht man diesen Betrag jedoch mit der Summe der Entwicklungshilfegelder, die Somalia vor dem Krieg erhalten hat, ergibt sich ein anderes Bild. Denn in den Jahren 1986–90 betrug die jährliche Entwicklungshilfe aller Geber durchschnittlich 475,8 Millionen Dollar. Diese Summe entspräche gegenwärtig einer Aufwendung von rund 720 Millionen Mark. Das heißt im Klartext: Da 1992 keine Entwicklungshilfe, sondern nur Nothilfe in der erwähnten Höhe von 544 Millionen Mark geleistet wurde, ist die Hilfe an das sterbende somalische Volk geringer als die vorangegangene Entwicklungszusammenarbeit mit dem somalischen Staat. In der Öffentlichkeit ist jedoch ein diametral entgegengesetzter Eindruck entstanden. Diese Bilanz wird sich erst 1993 durch die mittlerweile angelaufene Operation „Restore Hope“ verändern.

Wieviel Hilfe Somalia im Jahr 1992 tatsächlich erreicht hat, läßt sich exakt nicht sagen. Der internationale Hilfsapparat verfügt über keine ver-

Staatliche Hilfen für Somalia 1992: die wichtigsten Geberländer

1) EG-Länder:		
Deutschland	93 872 830 DM*	
Großbritannien	72 000 000 DM	
Frankreich	52 880 000 DM	
Italien	43 100 000 DM	
Spanien	15 410 000 DM	
Dänemark	14 600 000 DM	
Niederlande	13 700 000 DM	
Belgien	8 000 000 DM	
Luxemburg	2 800 000 DM	
Griechenland	150 000 DM	
		316 512 830 DM
2) Nicht-EG-Länder:		
USA	129 000 000 DM	
Saudi-Arabien	30 000 000 DM	
Schweden	27 513 000 DM	
Japan	15 060 000 DM	
Norwegen	11 245 000 DM	
Schweiz	11 206 000 DM	
Finnland	2 317 700 DM	
Österreich	1 460 000 DM	
		227 801 700 DM
3) Gesamte Hilfe:		544 314 530 DM
4) Hilfe aus dem EG-Haushalt:		171 400 000 DM

Da die Tabelle nicht alle Geberländer enthält, liegt die Gesamtsumme der Hilfe vermutlich um etwa zehn Prozent höher. Position 4 ist bereits in den Einzelbeträgen von Position 1 enthalten (vgl. Erläuterungen im Text). Angaben beruhen auf einer Statistik des Auswärtigen Amtes vom 12. November 1992.

* Tatsächlich nur 45,53 Millionen Mark (vgl. S. 91)

läßliche Gesamtstatistik. Man kann jedoch davon ausgehen, daß während der ersten elf Monate 1992 etwa 200 000 Tonnen an Grundnahrungsmitteln ins Land gebracht worden sind. Damit hätten – optimale Verteilung vorausgesetzt – maximal 1,5 Millionen Menschen ernährt werden können. Die optimale Verteilung hat jedoch, bedingt durch Krieg und Plünderer, nicht stattgefunden. Während des letzten Quartals 1992 lag das monatliche Hilfe-Ziel bei 50 000 Tonnen: Davon sollten 20 000 Tonnen durch das IKRK und 30 000 Tonnen durch das UN-Welternährungsprogramm (WFP) ins Land gebracht werden. Der Gesamtbedarf für 1992 betrug nach WFP-Angaben 432 000 Tonnen. Die zur Versorgung notwendige Nahrungsmittelmenge dürfte 1993 auf gleich hohem Niveau bestehen bleiben. Nach WFP-Schätzungen werden rund zwei Millionen Menschen auf Hilfe angewiesen sein.

Die Hilfe der Bundesrepublik Deutschland hatte 1992 einen Umfang von 45,53 Millionen Mark. Zu diesem Betrag können meiner Meinung nach die anteiligen Leistungen an der EG-Hilfe nicht hinzuaddiert werden. Mit diesen rund 46 Millionen hat die Bundesregierung auch zahlreiche Projekte der Nichtregierungsorganisationen (NRO) Deutsches Rotes Kreuz, Diakonisches Werk/Caritas, Deutsche Welthungerhilfe und Help unterstützt. Das DRK arbeitet über das IKRK in Somalia und hat für dessen Aktivitäten zehn Mitarbeiter abgestellt.

Die Deutsche Welthungerhilfe hat im September 1992 ein Nothilfeprojekt im Norden Somalias begonnen, das insgesamt 60 000 Hungernde und Flüchtlinge versorgen soll.

Diakonisches Werk und Caritas kooperieren und sind seit Mai 1992 an der Finanzierung einer Luftbrücke seitens des Lutherischen Weltbundes beteiligt. Bis Mitte Oktober 1992 waren 309 Flüge absolviert und rund 5200 Tonnen transportiert, die zu großen Teilen aus einer speziellen Kindernahrung bestanden. Neben Medikamentenlieferungen und Notreparaturen in Krankenhäusern ist noch ein „Koordinationsbüro“ zu erwähnen, das die beiden Kirchen Ende September 1992 in Mogadischu eröffnet haben. Dieses Büro soll vorhandene Strukturen stützen und kleineren Organisationen unter die Arme greifen sowie Selbsthilfeansätze der einheimischen Bevölkerung (die es tatsächlich schon gibt) zur Entfaltung bringen: Eine sinnvolle Initiative. Insgesamt wandten die beiden deutschen Kirchen 1992 etwas über sieben Millionen Mark für Somalia auf.

Help oder Auch unbekannte Helfer leisten wirksame Hilfe

Einerseits gehört die in Bonn ansässige Organisation HELP e.V. zu den ersten deutschen Hilfswerken, die sich der somalischen Katastrophe angenommen haben. HELP organisierte schon im Frühjahr 1992 eine Pressekonferenz, als alle anderen noch schwiegen. Andererseits ist HELP in der breiten Öffentlichkeit noch wenig bekannt, obwohl der Verein in etlichen Katastrophengebieten mit Erfolg Hilfe geleistet hat.

HELP wurde 1981 von Abgeordneten aller im Bundestag vertretenen Parteien und von einigen namhaften Persönlichkeiten aus Kirche und Wissenschaft gegründet. Unmittelbarer Anlaß war der riesige Flüchtlingsstrom aus Afghanistan, das zuvor von sowjetischen Truppen besetzt wurde. Neben der Flüchtlingshilfe in den Aufnahmeländern engagierte sich HELP schon bald in Reintegrations- und Wiederaufbauprogrammen. Gesundheitsversorgung und Bildungsprogramme für Kinder bildeten dabei einen besonderen Schwerpunkt. Die Bonner Organisation fühlt sich strikt an das Prinzip parteipolitischer Neutralität gebunden, gleich, ob im In- oder Ausland. Bundestagsabgeordnete aller Parteien sitzen auch heute noch im Vorstand.

Für Wolfgang Nierwetberg, Soforthilfereferent bei HELP, ist „Jugoslawien nur ein Schatten dessen, was sich in Somalia abspielt". 1992 war er fünfmal in Somalia, um Hilfsmaßnahmen in Gang zu setzen, aber auch um die Berichterstattung zu verbessern: Journalistenteams gehörten zu seinen Begleitern.

1992 lieferte HELP 1700 Tonnen Nahrungsmittel in den Norden Somalias, nach Hargeisa und die Hafenstadt Bosaso. Dabei war ein komplizierter Transportweg zu bewältigen. Zuerst ging die gesamte Tonnage nach Saudi-Arabien. Dort wurde sie von kleinen Schiffen übernommen und vor die somalische Küste gebracht, wo sie abermals in kleine Ruderboote umgeladen wurde. In der Mogadischu-Region verteilte HELP 2000 Zeltplanen an obdachlose Flüchtlinge und lieferte spezielle Zusatznahrung an ein Zentrum für unterernährte Kinder. Daß man auch in einer Kriegssituation ein Minimum an Strukturhilfe leisten kann, zeigt ein sogenanntes Kleinprojekt: HELP hat 2500 Meter Baumwollstoff an einheimische Schneider geliefert, damit diese Bekleidung für Kinder herstellen können. Zuletzt ist noch ein medizinisches Notprogramm – u. a. für 2000 Tuberkulose-Kranke – zu nennen, das Ende 1992 in Angriff genommen wurde und auch die Entsendung eines deutschen Arztes einschließt. Der Gesamtumfang aller Maßnahmen belief sich auf 1,6 Millionen Mark, die auch aus Mitteln der Bundesregierung finanziert werden mußten, weil die Spenden nicht ausreichten. HELP kooperiert vor Ort vielfach mit der International Islamic Relief Organization, die in der Bundesrepublik ebenfalls vertreten ist.

Wenn Sie helfen möchten:
HELP e.V. Sparkasse Bonn Konto 4444 (BLZ 38050000)

Wenn Sie mehr wissen möchten:
HELP e.V., Kaiserplatz 3, 5300 Bonn 1

Die Bundesregierung: Bis zur Intervention große Worte, keine Taten

Was hat die Bundesregierung über die Hilfe von 46 Millionen Mark hinaus getan? Wobei ja noch zu bedenken ist, daß diese Mittel nicht die Ihrigen, sondern die ihrer Bürger sind. Was also hat sie selbst geleistet? Praktisch nichts. Schon gar nichts war von der ehemals beschworenen speziellen Solidaritätsverpflichtung gegenüber dem somalischen Volk zu bemerken. Politisch blieb die Bundesregierung völlig untätig. So unternahm sie beispielsweise keinen Vorstoß innerhalb der Vereinten Nationen, einen hochrangigen Sonderbeauftragten zu Vermittlungsgesprächen nach Somalia zu entsenden. Verschiedene Dritte-Welt-Initiativen baten Außenminister Kinkel, nach Somalia zu reisen und sich für ein stärkeres UN-Engagement einzusetzen. Der Chef des Auswärtigen Amtes hatte es nicht einmal nötig, in der Sache zu antworten. Schon gar nicht reiste er selbst in das Katastrophengebiet. Die Normalisierung unserer Beziehungen zu den Menschenrechtsverletzern in Peking war ihm wichtiger. Außerdem: Warum sollte man sich durch die schlimmen Eindrücke vor Ort in die emotionale Schieflage bringen, etwas tun zu müssen? Lieber in Berlin für die unantastbare Würde des Menschen demonstrieren.

Erst als etliche Top-Politiker aus den anderen EG-Staaten tief erschüttert aus Somalia zurückgekehrt waren, entsandte Kinkel seinen

Staatsminister Schäfer in das Bürgerkriegsland. Dieser informierte sich auf dem Flugfeld Mogadischus über die Lage, statt sich Leiden und Sterben in der Hauptstadt mit eigenen Augen anzusehen. Da wundert es einen freilich nicht mehr, daß er kein einziges Gespräch mit den Vertretern der Bürgerkriegsparteien führte. Hätte er diesen „Deutschland-Liebhabern" nicht bedeuten müssen, daß wir nicht mehr auf ihrer Seite sind?

Der Staatsminister und sein Minister über ihm plädieren für eine Grundgesetzänderung, damit die Deutschen sich an UN-Truppeneinsätzen aller Art beteiligen können. Dies zu tun, sei Pflicht unseres Landes. So weit, so richtig. Aber reichlich verlogen wirken dann diese Positionen, wenn man vom Auswärtigen Amt hört: Die BRD wird keine Sanitätseinheiten der Bundeswehr für den Blauhelme-Einsatz in Somalia zur Verfügung stellen. Die UNO hatte gefragt, die Grundgesetzänderer sagten nein. Und dies, obwohl ein solcher Sanitätseinsatz der Bundeswehr viel weniger kosten würde als eine Truppenentsendung unter UN-Kommando und obwohl unsere Verfassung den uniformierten Sanitäter-Einsatz durchaus jetzt schon zuläßt. Und so geschah und geschieht auch nichts. Diejenigen, denen unsere Sanitäter geholfen hätten, müssen es ausbaden.

Die Versagerliste der Politik läßt sich beliebig ausdehnen: Im März 1992 bat die Hilfsorganisation HELP um einen Bundeswehrflug nach Mogadischu. Das Auswärtige Amt winkte ab. Als die Katastrophe fünf Monate später „aktuell" geworden war, wurden gleich zwei Maschinen für einen längerfristigen Einsatz unbürokratisch in Marsch gesetzt. Die in der Tat sehr engagierten Beamten im Referat für humanitäre Hilfe klagen schon seit längerem: „Wenn unsere hohen Herren nicht die Schreckensbilder der Hungernden im Fernsehen zu Gesicht bekommen, kriegen wir kein einziges Sonderprogramm durch." Aber selbst die gesendeten Horrorszenen konnten Bundeskanzler Kohl zu keinem Wort in Sachen Somalia bewegen. Der vermutlich weniger beschäftigte US-Präsident hatte sich bereits im Sommer mehrmals des Themas angenommen und dann einen erstaunlichen Sinneswandel vollzogen.

Operation „Restore Hope“: Der doppelte Präzedenzfall Somalia

Der 9. Dezember 1992 markiert eine *Zeitenwende*. An diesem Tag gehen US-amerikanische Soldaten in Mogadischu an Land. Erstmals in der Weltgeschichte interveniert eine militärische Streitmacht zu rein humanitären Zwecken. Nur wenige Tage zuvor hatte der Weltsicherheitsrat der Vereinten Nationen ein Angebot der USA akzeptiert, eine multinationale Truppe unter dem Oberkommando der USA nach Somalia zu entsenden. Die Eingreiftruppe erhält von der UNO den Auftrag, „alle notwendigen Maßnahmen zu ergreifen“, damit die internationale Hilfe endlich die Hungernden erreicht. In den vorangegangenen Wochen hatten die US-Medien ihre Berichterstattung über Somalia verstärkt und ihr mehr Platz eingeräumt als derjenigen über die Kriegssituation in Bosnien-Herzegowina. Präsident Bush wollte daraufhin – wie die *International Herald Tribune* berichtet – nicht mit 50 000 toten Somalis aus dem Amt scheiden, die er hätte retten können. Außerdem stand zu diesem Zeitpunkt fest, daß sich der Einsatz der UN-Blauhelme (über die Vorhut von 500 Mann hinaus) weiter verzögern würde.

Nachdem der amerikanische Generalstab dem Präsidenten am 21. November 1992 versichert hatte, die Armee könne einen eventuellen Somalia-Einsatz erfolgreich bestehen, erfolgt vier Tage später eine entsprechende Offerte der Regierung an den Weltsicherheitsrat. Dieser trifft seinen einstimmigen Beschluß bereits in der darauffolgenden Woche: Die internationale Eingreiftruppe wird zwar unter dem Oberkommando der USA stehen, handelt aber im *Auftrag und unter Kontrolle* des Weltsicherheitsrates. Ein Zeitrahmen für die Intervention wird nicht festgelegt; sie soll dann zu Ende gehen, wenn für die Hilfsmaßnahmen ein „sicheres Umfeld“ hergestellt ist. Sobald diese Mission erfüllt ist, soll die multinationale Truppe durch Blauhelm-Einheiten der UNO abgelöst werden.

In Mogadischu wird die Entscheidung der Amerikaner und des Weltsicherheitsrates von der Zivilbevölkerung mit großer Erleichterung begrüßt. „Die Amerikaner sind unsere letzte Hoffnung“, ist vielfach zu hören. Ähnlich äußern sich auch neun Bürgerkriegsparteien und rund 30 Ältestenräte verschiedener Clans, die an der UN-Konferenz für humanitäre Hilfe zugunsten Somalias (3.–5. 12. 92) in Addis Abeba teilnehmen. Selbst der angeblich mächtigste Mann des Landes – Bürgerkriegsgeneral

Aideed – gibt seine Zustimmung und heißt die amerikanischen Soldaten willkommen. Lediglich die islamischen Fundamentalisten lehnen die Eingreiftruppe als fortgesetzten Krieg der USA gegen den Islam ab.

Als die ersten amerikanischen Einheiten am 9. Dezember 1992 die Kontrolle über den See- und Flughafen sowie über strategische Punkte Mogadischus übernehmen, stoßen sie – zu ihrer eigenen Überraschung – auf keinerlei Widerstand. Von kleineren Zwischenfällen abgesehen, bleibt dies auch während der nächsten Tage so. Die Plünderer waren schon einige Tage zuvor größtenteils aus Mogadischu abgezogen, um die ländlichen Regionen und einige Provinzstädte noch einmal heimzusuchen. Das Treiben dieser Anarcho-Gangs hat in der westlichen Berichterstattung abermals das „Bild vom wilden Afrika" skizziert. Wer so urteilt, sollte zur Korrektur an den Holocaust der Deutschen denken: Menschen sind eben zu vielem fähig, ob bei uns, in Bosnien-Herzegowina oder in Somalia. Außerdem wird hierbei übersehen, daß ein Großteil der Diebstähle und Überfälle „Mundraub" gewesen ist, um den eigenen Familienverband im Kriegsinferno vor dem Untergang zu bewahren.

Beachtung besonderer Art verdient die 180-Grad-Wende General Aideeds. Dieser Kriegsfürst hatte sich monatelang gegen die Stationierung des 3700 Mann zählenden Hauptkontingentes der UN-Blauhelme gewehrt, und zwar erfolgreich. Die UNO ließ sich von ihm zur Handlungsunfähigkeit zwingen, obwohl sie genau wußte, daß dem General das Blut von den Händen triefte und daß dessen Männer an den Plündereien beteiligt waren. Statt den Kriegsverbrecher Aideed zu ächten, versuchten die UN-Vertreter, ihn durch gütlich-diplomatisches Zureden in der Blauhelm-Frage umzustimmen. Als die Amerikaner ihren Einsatzbeschluß faßten, lenkte Aideed von einem Tag auf den anderen ein. Als Machtstratege verstand er sofort die klare Sprache des amerikanischen Oberbefehlshabers Powell: „Wenn Aideed nicht nachgibt, werden wir ihn zur Kooperation zwingen." Dies sollte zu einem *Lehrstück* für die UNO werden, wie sie künftig mit Kriegstreibern umzugehen hat.

Die multinationale Truppe wird in der Lage sein, innerhalb weniger Wochen ein Netz von Hilfsgütern-Korridoren zu etablieren sowie Schutzzonen für die Hungernden in den Haupt-Katastrophenregionen einzurichten. Die Bürgerkriegsparteien haben mehrheitlich ihre Zustimmung gegenüber der Intervention erklärt, und die Plünderer können mit ihren Schießprügeln gegen die stark bewaffneten Amerikaner nichts ausrichten. Nennenswerter Widerstand droht höchstens von den islamischen Fundamentalisten, von denen eher Terrorakte als ein Guerillakrieg gegen

Karte 5
Die Operation „Restore Hope“

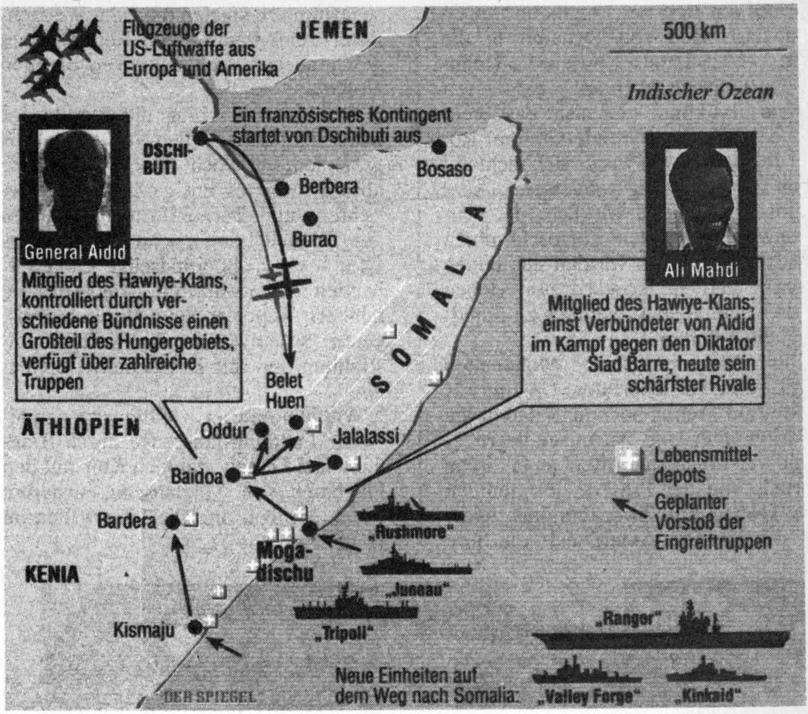

Die Zusammensetzung der multinationalen Eingreiftruppe: USA bis zu 28150 Mann, Frankreich ca. 2100, Italien ca. 2300, Kanada 900, Belgien 550; Türkei, Mauretanien und Ägypten zusammen ca. 1550; insgesamt: ca. 35550 Soldaten; weitere Staaten leisten logistische Hilfe. – Die Kosten für den Einsatz der US-Streitkräfte werden vom amerikanischen Verteidigungsminister auf 300–400 Millionen US-Dollar beziffert.

die Eingreiftruppen ausgehen werden. Überwiegend hat die multinationale Intervention den Charakter eines *erweiterten Polizeieinsatzes*, der sich nicht primär gegen die Bürgerkriegsparteien, sondern gegen die Plünderer richtet. Es geht nicht darum, einen Krieg zu entscheiden, sondern die öffentliche Ordnung und Sicherheit – wenigstens ansatzweise – wiederherzustellen. Das militärische Eingreifen in Somalia hat somit einen völlig anderen Charakter als eine eventuelle Intervention in Bosnien-Herzegowina.

Präsident Bush hat für seine Entscheidung zu Recht internationale Anerkennung geerntet. Dabei wird jedoch vergessen, daß die USA im März 1992 einen UN-Truppeneinsatz im Weltsicherheitsrat blockiert haben. Damals war Washington die finanzielle Beteiligung an der Mission zu kostspielig. Wieviel tausend Menschen den verspäteten Einsatz mit ihrem Leben bezahlen mußten, wird man niemals genau wissen. Die militärische Intervention ist zweifellos der erste richtige Schritt in die richtige Richtung gewesen. Ein Handeln, das *historischen Präzedenzcharakter* erhalten könnte und sollte. Schon kurz nach der Entscheidung des Präsidenten sprach man in den USA von der *„Bush-Doktrin": dem militärischen Eingreifen aus humanitären Gründen*. Daß die Amerikaner in der Tat nur diese Motivation gehabt haben, muß man ohne Einschränkungen zugestehen. Es stellt sich jedoch die Frage, ob dem militärischen Eingreifen eine *politische Intervention* folgt? Wie wird sich die Weltgemeinschaft gegenüber einem Territorium und einer Bevölkerung verhalten, die aufgehört hat, als Staat organisiert zu sein?

Wenn die somalischen Bürgerkriegsparteien zwei Jahre lang nicht in der Lage waren, elementare Bedingungen für die Abwicklung humanitärer Hilfe zu schaffen, werden sie es dann vermögen, ihr Staatswesen aus eigener Kraft neu zu organisieren? Somalias tief gespaltene und total fragmentierte Gesellschaft benötigt außergewöhnlichen Beistand. In den Vereinten Nationen ist Ende November 1992 die Übernahme einer *Treuhandschaft* diskutiert worden. Bis zum 10. Dezember 1992 hielt es UN-Generalsekretär Ghali jedoch für *verfrüht*, über diese Frage zu entscheiden. Warum er nach über vier Jahren Krieg und Anarchie diese Auffassung vertritt, ist nicht zu verstehen. Meiner Meinung nach muß sofort ein politischer Aktionsplan entwickelt werden, und in dessen Mittelpunkt muß die Übernahme der Treuhandschaft durch die Vereinigten Nationen stehen. Will man zu einer möglichst tragfähigen Lösung kommen, dann gibt es zur Treuhandschaft *keine* Alternative. Ohne die Umsetzung einer politischen Agenda (vgl. Kasten) wird letztlich auch die militärische Intervention zur Farce: Man wird die Hungernden retten und sie anschließend einem neuen Chaos überantworten.

Am 11. Dezember 1992 kam es durch die Vermittlung des US-Sonderbotschafters Robert Oakley zu einem Treffen zwischen den Bürgerkriegsführern Aideed und Ali Mahdi. Sie unterzeichneten einen erneuten Waffenstillstand und umarmten sich vor den Kameras der Weltpresse, so als sei das ganze Morden und Schlachten nur ein harmloser Familienzwist gewesen. Botschafter Oakley wertete das Treffen als einen Beitrag zur Lösung der somalischen Katastrophe. Es war sicherlich ein sinnvoller Schritt, aber man darf sich von *solchen* Treffen und Übereinkünften *keine* Lösung erhoffen, die anstehenden Probleme benötigen mehr als einen langen Atem, um in der Substanz voranzukommen.

Es muß eine grundsätzliche neue Verfassung Somalias erarbeitet werden, die den Verhältnissen des Landes und der Gesellschaftsstruktur angepaßt ist. Dies wird nur von einer *Nationalkonferenz* zu leisten sein, an der neben den Bürgerkriegsparteien vor allem auch *die gewählten Clan-Repräsentanten und Ältestenräte* beteiligt werden müssen. Allein dieser Konferenzprozeß wird Monate – wenn nicht ein ganzes Jahr – in Anspruch nehmen. Wer aber soll das Land in dieser Zeit regieren und für Recht und Ordnung sorgen? Wenn man vor dem Ende einer Nationalkonferenz somalische Autoritäten zum Regieren einsetzt, wird dies aller Voraussicht nach zu neuen Auseinandersetzungen führen. Ferner stellt sich die Frage, ob man mit den Bürgerkriegsfürsten (u. a. Ali Mahdi und Aideed) überhaupt eine Lösung anstreben sollte. Man wird sie beteiligen und einbinden müssen, aber mit ihnen ist kein neues Somalia zu schaffen: Viele Somalis wollen mit diesen Kriegsverbrechern nichts mehr zu schaffen haben; sie müssen sich andere Regierende wählen können.

Ist die Treuhandschaft eine neue Kolonisation oder eine Entmündigung der Somalis? Nein, weder das eine noch das andere! Sie ist nichts anderes als ein besonderer Beistand in einer außergewöhnlichen Situation. Und wer von Kolonisation spricht, stellte die Dinge auf den Kopf: Kolonisation zerstört einheimische Strukturen, während die Treuhandschaft jene fruchtbaren Rahmenbedingungen schaffen soll, damit übergreifende einheimische Strukturen erneut entstehen können, wie immer diese aussehen mögen.

Die Vereinten Nationen und Somalia: Eine Agenda zur politischen Wiedergeburt des Landes

Phase 1: Baldige Entsendung von 15 000 bis 20 000 kampffähigen UN-Truppen, die die internationale Streitmacht unter US-Kommando schrittweise ablösen. Aufgaben: Aufrechterhaltung der Hilfsgüter-Korridore und der Schutzzonen für die notleidende Zivilbevölkerung, und zwar notfalls mit militärischen Mitteln; Herstellung öffentlicher Ordnung und Sicherheit im Sinne eines erweiterten Polizei-Einsatzes. Dabei muß unmißverständlich klargemacht werden, daß jede Bürgerkriegspartei, die sich den UN-Truppen mit Waffengewalt widersetzt, mit der konsequenten und nicht revidierbaren *Ächtung* durch die internationale Gemeinschaft zu rechnen hat. Ein detaillierter *Ächtungs-Katalog* ist allen Parteien und Clans zu unterbreiten. Ab dieser Phase sind ferner Verbrechen aller Art – insbesondere Kriegsverbrechen – zu ahnden, was auf der Grundlage der demokratischen Verfassung von 1960 und/oder der Clangesetze geschehen könnte.
Phase 2: Die UNO handelt ein erweitertes Waffenstillstandsabkommen mit allen Kriegsparteien aus (bisher nur bei zwei Gruppen erreicht). In diesem Vertrag werden der Zeitrahmen und die Stationen bis zum Abzug der UN-Einheiten festgelegt. Allen Parteien und Clans (d. h. auch den „Ältestenräten" der Clans) wird zugesichert, daß sie an einer Nationalkonferenz demokratisch beteiligt werden. Für den Fall einer Kooperation der Bürgerkriegsparteien, wird Wiederaufbauhilfe in verpflichtender Form und in angemessener Höhe zugesagt.
Phase 3: Gesamt-Somalia wird Treuhandgebiet der UNO, wobei der Norden (selbstproklamierte Republik Somaliland) einen gewissen Sonderstatus erhält; die Vereinten Nationen übernehmen alle Funktionen einer Interimsregierung. Während dieser Periode erfolgen Vorverhandlungen mit allen Parteien und Clans über die Tagesordnung und die zu erzielenden Ergebnisse der nationalen Versöhnungskonferenz. Nach diesem Prozeß erfolgt die Durchführung der Konferenz, deren Dauer auf mehrere Monate anzusetzen ist (mit Sitzungsunterbrechungen für Arbeitsgruppen).
Phase 4: Realisation der Beschlüsse der Nationalkonferenz; Ausarbeitung einer neuen Verfassung durch ein von der Nationalkonferenz bestimmtes Gremium unter Verhandlungsführung der UN.

Dabei entscheidet der „Runde Tisch“ ohne Vorgaben darüber, welche „Staatsform“ (Föderation unabhängiger Republiken?) das künftige Somalia besitzen soll. Anschließend Vorbereitung und Durchführung von freien und allgemeinen Wahlen unter UN-Regie. Im Norden („Republik Somaliland“) ist gegebenenfalls ein UN-überwachtes Referendum über die Frage durchzuführen, ob diese Region sich vom übrigen Somalia abspalten will oder nicht.
Phase 5: Gewählte Regierung übernimmt Amtsgeschäfte, neue Verfassung tritt in Kraft. UN-Truppen bleiben noch 18 Monate im Land und ziehen dann schrittweise ab.

Während aller Phasen sind die entsandten UN-Truppen im Land, sie erfüllen im Sinne einer Ordnungsmacht und eines neutralen Stabilitätsfaktors polizeiliche und militärische Aufgaben. Auf diese Weise könnte Somalia auch zu einem Präzedenzfall werden, wie ein zerbrochener Staat (vgl. u. a. Liberia) wieder seine Existenzfähigkeit erlangen kann. Letzteres und nichts anderes ist das alleinige Ziel des weitreichenden UN-Engagements. Für alle Phasen ist ein Zeitrahmen von insgesamt etwa fünf Jahren anzusetzen.

Die Bundesregierung begreift die Zeitenwende nicht

Als die US-Truppen schon einige Tage in Somalia waren, wußte die Bundesregierung immer noch nicht, wie sie auf die historische Zeitenwende der Bush-Doktrin reagieren sollte. Sie sagte zwar neue Hilfe „im Rahmen ihrer Möglichkeiten“ zu, ohne jedoch bis zum 14. Dezember 1992 eine konkrete Summe und ein konkretes Projekt zu nennen. Lediglich vom Verteidigungsminister war zu erfahren, daß die Zahl der eingesetzten Transall-Maschinen (Hilfsgüter-Luftbrücke) von zwei auf acht erhöht würde. Die ganze Hilf- und Konzeptlosigkeit der deutschen Afrikapolitik offenbart sich in einer Stellungnahme des Regierungssprechers Vogel aus diesen Tagen. Er gab bekannt, es sei eine Arbeitsgruppe eingesetzt worden, um Möglichkeiten zusammenzutragen, was außerhalb militärischer Aktionen möglich sei! Der entwicklungspolitische Sprecher der SPD, Hauchler, hatte schon im August die Einsetzung einer task-force (spez. Aufgabengruppe) gefordert, was vom BMZ kategorisch abgelehnt wurde. Die Parlamentarier agierten freilich nicht besser als die Regierung: Am 3. November 1992 brachte der Bundestag eine Somalia-Entschließung mit appellativem Charakter zustande, die der Abgeordnete Konrad Weiß (Bündnis 90/Grünen) im Februar (!) auf den Weg gebracht hatte. Mehrere Dritte-Welt-Initiativen und Somalia-Experten hatten im August 1992 eine „MdB-Koalition Pro-Somalia" vorgeschlagen. Obwohl von einigen MdB befürwortet, war sie bis zum 13. Dezember 1992 immer noch nicht zustande gekommen.

Statt humanitäre Maßnahmen rasch und großzügig zu beschließen, kommt es unmittelbar nach der Bekanntgabe des US-Truppeneinsatzes zu heftigem Streit in Bonn. Die Regierungsparteien argumentieren, Deutschland stehe erneut weltweit am Pranger, weil es sich nicht mit kampffähigen Bundeswehrsoldaten an der Mission beteiligen könne. Die notwendige Grundgesetzänderung werde immer noch von der SPD blokkiert. Der Herr Verteidigungsminister und der Herr Außenminister verschweigen dabei, daß sie durch das Grundgesetz nicht daran gehindert werden, Bundeswehr-Sanitäter zu entsenden. Sie verschweigen der Öffentlichkeit darüber hinaus, daß sie die erste diesbezügliche Anfrage der UNO im Sommer 1992 (s. weiter oben) negativ beantwortet haben. Daß die Bundeswehr-Sanitäter nach der UN-Entscheidung über die militärische Intervention nicht sofort bewilligt werden, kann man nur so interpretieren: Die CDU/CSU-Hardliner in der Bundesregierung wollen offenbar den öffentlichen Druck für eine „multinationale Somalia-Intervention" parteipolitisch nutzen, um eine Grundgesetzänderung zu erzwingen, die den Einsatz kampffähiger Truppen erlaubt. Hätte die nicht nur in dieser Frage uneinige Bundesregierung die Sanitäter-Entsendung sofort beschlossen, wäre dies einem Einlenken in dieser innenpolitischen Streitfrage gleichgekommen.

Sollte es doch noch zu dem Bundeswehr-Sanitäter-Einsatz kommen, steht jetzt schon fest, daß er nicht aus humanitärer Verpflichtung entschieden wurde, primär jedenfalls nicht. Denn sonst hätte die Regierung schon der UN-Bitte vom Sommer entsprechen müssen. Oder nicht?

Chronik eines Untergangs

Somalia
Januar 1991 bis Dezember 1992

Vorgeschichte: Der bewaffnete Widerstand verschiedener Gruppen gegen das Barre-Regime nimmt 1990 im ganzen Land zu; ab September 1990 Kämpfe in der Hauptstadt-Region. Endphase des Kampfes Dezember 1990/Januar 1991 in Mogadischu, Schritt um Schritt rückt der, „Vereinigte Somalische Kongreß" (USC) gegen Barre vor, der (obwohl er schon die Kontrolle über das Land verloren hat) bis zum letzten an der Macht festhält. Hauptträger des Kampfes: SNM (Somali National Movement) im Norden, USC (United Somali Congress) im mittleren Teil, SPM (Somali Patriotic Movement) im Süden.

27./28. 1. 1991 — *Am 27. 1. meldet USC Sieg über Barre und dessen Flucht aus der Hauptstadt* (26. 1. abends?); am 28. 1. wird *Ali Mahdi Mohammed* vom USC als *neuer Staatschef* vorgestellt; am 2. 2. erfolgt Bekanntgabe einer Übergangsregierung, die nur aus USC-Mitgliedern besteht.

Zwischenresümee: Damit hat der USC die Vereinbarungen mit den anderen Widerstands- bzw. Anti-Barre-Gruppen gebrochen, nach dem Sturz eine gemeinsame Regierung zu bilden. Dieser Versuch der alleinigen Machtübernahme ist die „auslösende Ursache" für den bis heute andauernden Bürgerkrieg. Daran ändert auch die Tatsache nichts, daß Mahdi nach seiner Machtübernahme die anderen Anti-Barre-Gruppen zu einer Nationalkonferenz einlädt (sie kam nie zustande).

31. 1. 91 — In der Frankfurter Rundschau erscheint ein Bericht über die Lage in Somalia: „Kein Ende der Machtkämpfe."

23. 4. 91 — Schwere Kämpfe im Süden (Region von Kisimajo).

30. 4. 91 — „Hungersnot in Somalia."

18. 5. 91 — *Nordsomalia unter Führung der SNM erklärt Unabhängigkeit und ruft eigenen Staat „Republik Somaliland" aus.*

Zwischenresümee: Bewaffnete Kämpfe gehen nach Sturz Barres weiter (und zwar während des gesamten ersten Halbjahres 1991 in mehreren Landesteilen), gleichzeitig greift Anarchie-Situation um sich.

22. 7. 91 — (Evtl. schon ab 15. 7.) Versöhnungskonferenz in Dschibuti, 6 Parteien nehmen teil, nicht jedoch SNM; Vertreibung

	Barres gem. Ziel; Ali Mahdi für 2 Jahre als Interims-Staatschef bestätigt; Regierungsneubildung aus verschiedenen Gruppen und Clans beschlossen.
Anfang Sept. 1991	*Schwere Kämpfe in Mogadischu zwischen zwei USC-Fraktionen unter Mahdi und Aideed.*

Ab diesem Zeitpunkt beginnt und verschärft sich der USC-Stadtkrieg sowie der Machtkampf um die Hauptstadt; der bis März 1992, also sechs Monate, andauert. Parallel dazu erobert der alte *Diktator Barre* mit seinen Anhängern (Teile der alten Armee) die Stadt Baidoa (spätere Hauptkatastrophenregion), wo er sich eine neue regionale Machtbasis aufbaut und später gegen Mogadischu vorrückt.

22. 10. 91	Internationale Hilfe blockiert; zwei Drittel der Einwohner Mogadischus vom Hunger bedroht.
5. 11. 91	*OAU appelliert wegen Notlage an internationale Gemeinschaft.*
Nov. 1991	Anarchie in Mogadischu und anderen Landesteilen greift weiter um sich; Meldungen über Bandenkrieg in Mogadischu (mindestens 18 verschiedene Gruppen).

Das Jahr 1992

3. 1. 92	*James Jonah („Untergeneralsekretär" der UN) im Auftrag von Butros Ghali erstmalig zu Vermittlungs-Mission in Mogadischu;* trifft Aideed, einen Tag später Mahdi; Aideed lehnt UN-Vermittlung ab.
6. 1. 92	James Jonah spricht sich für Entsendung von UN-Friedenstruppen aus (Zahlen werden in Berichten nicht genannt).
9. 1. 92	Ali Mahdi fordert internationale Friedenstruppen an.
16. 1. 92	IKRK meldet: Hungersnot in Somalia bedroht Hunderttausende, 250 000 Menschen in der Region Mogadischu auf der Flucht. Nachrichten-Agentur Reuter: 20 000 Opfer in Mo-

	gadischu; James Jonah: *„Eine organisierte zivile Gesellschaft gibt es nicht mehr.“*
Ende Jan. 1992	*UN-Sicherheitsrat* fordert Einstellung der Kämpfe und Waffenstillstand, Waffenembargo verhängt, Hilfe zugesagt (12 Mio. US-Dollar); (Resolution 733).
30. 1. 92	SOS-Kinderdorf fordert Militärintervention des Auslands und Schaffung neutraler Schutzzonen.
5. 2. 92	Sonderbeauftragter der UNO in Mogadischu, um Kriegsparteien zu Verhandlungen in New York einzuladen.
6. 2. 92	Insgesamt 200 000 Somalis nach Kenia geflohen.
11. 2. 92	Somalische Friedensinitiative unter Führung von General Mohammed Ibrahim.
12. 2. 92	*Beginn von Gesprächen über Waffenruhe am Sitz der Vereinten Nationen;* Aideed und Mahdi haben Delegation entsandt; an den Gesprächen sind auch Arabische Liga, Islamische Weltkonferenz und OAU beteiligt. Wenige Stunden vor Beginn der Gespräche beginnen Aideeds Truppen einen Großangriff auf die Stellungen der Mahdi-Einheiten in Mogadischu.
14. 2. 92	AFP/IKRK melden: *4,5 Millionen Menschen dringend auf Hilfe angewiesen;* monatlicher Bedarf von 35 000 Tonnen Nahrungsmittelhilfe; Reuter: *IKRK warnt vor Tragödie.*
15. 2. 92	*Ergebnis der New Yorker UN-Verhandlungen:* sofortige Feuerpause; Waffenstillstandsvertrag-Verhandlungen; Delegation der UN, OAU, der Arabischen Liga und der Islamischen Weltkonferenz soll demnächst nach Mogadischu reisen, um Details des Waffenstillstandes auszuhandeln; im Verhandlungsergebnis wird festgehalten, daß „ein Waffenstillstand ohne internationale Beobachtung nicht halten wird“; an den Gesprächen hatten von somalischer Seite nur die USC-Fraktionen von Aideed und Mahdi teilgenommen. Die Kämpfe gehen weiter.

16. 2. 92	UN-Team in Mogadischu zur Klärung von Fragen der Abwicklung humanitärer Hilfe.
19. 2. 92	Mahdi fordert erneut Entsendung von UN-Truppen.
20. 2. 92	OAU-Vermittlungsdelegation in Mogadischu.
24. 2. 92	*Kämpfe gehen trotz Waffenstillstands weiter.*
29. 2. 92	UN-Delegation unter Leitung von James Jonah in Mogadischu. Kämpfe dauern an.
3. 3. 92	*Waffenstillstandsabkommen von Mahdi und Aideed unter UN-Vermittlung unterzeichnet;* trotz Differenzen über Art der Beobachtung prinzipielle Einigung auf die Entsendung von UN-Überwachern.
9. 3. 92	Mogadischu: 100 000 Frauen und Kinder demonstrieren für Frieden in Somalia.
11. 3. 92	Agentur ips meldet: *„Totaler Krieg in Mogadischu."*
12. 3. 92	Kirchliche Hilfswerke sprechen von Tragödie in Somalia.
Mitte März 1992	Auch im „abgespaltenen Norden" bewaffnete Auseinandersetzungen.
18. 3. 92	*Sicherheitsrat beschließt Entsendung einer Beobachtergruppe. USA blockieren Beschluß der Entsendung einer UN-Friedenstruppe.*
25. 3. 92	„Africa Watch": Ohne Eingreifen der Vereinten Nationen kein Ende des Krieges möglich.
26. 3. 92	*„Somalia von größter Hungersnot seiner Geschichte bedroht."*
28./29. 3. 1992	Durch Vermittlung einer erneuten UN-Delegation neue Vereinbarung zwischen Mahdi und Aideed: 50 UN-Beobachter akzeptiert.

Zwischenresümee: Nach der endgültigen Unterzeichnung des Waffenstillstandes zwischen Mahdi und Aideed am 3. 3. 92, *der im übrigen nur die Hauptstadt betrifft,* gehen die Kämpfe zunächst sporadisch weiter, werden dann jedoch spürbar weniger. Man kann daher seit Ende März 1992 von einem – immer wieder gebrochenen – Waffenstillstand in Mogadischu sprechen. Allerdings gehen die Kampfhandlungen der Raubritterbanden und Anarcho-Gangs ungebrochen weiter, da diese noch mächtiger geworden sind als die sogenannten Bürgerkriegsparteien. Ferner bleiben die bewaffneten Auseinandersetzungen im übrigen Land von den Waffenstillstandsvereinbarungen weitgehend unberührt.

9. 4. 92	Fünf Staaten („Horn-von-Afrika-Länder") tagen über Somalia: Einsetzung eines Ausschusses, Vorschlag von „Ruhezonen".
24. 4. 92	*UNO: 50 Beobachter immer noch nicht entsandt.* UN-Generalsekretär Ghali will Entsendung von „500" zusätzlichen Blauhelmen vorschlagen. *UN-Sicherheitsrat* beschließt, 50 Waffenstillstandsbeobachter unverzüglich nach Somalia zu entsenden (war seit 18. 3. im Prinzip bewilligt, jetzt in Resolutionsform verabschiedet); grundsätzlich wird befürwortet, eine begrenzte Zahl UN-Truppen zur Eskortierung von Hilfslieferungen zu entsenden (sogenannter „Plan der 500").
27. 4. 92	dpa meldet: Offensive der Barre-Truppen dauert an. – *Letzter „Comeback-Versuch" des alten Diktators*: Größere Kampfhandlungen, Barre-Kräfte werden anschließend endgültig von Aideed-Truppen geschlagen.
28. 4. 92	Ghali schlägt den Algerier *Mohammed Sahnoun* als Sonderbeauftragten für Somalia vor.
Anfang Mai 92	Barre flüchtet (vermutlich bereits am 28. 4.) – militärisch geschlagen – nach Kenia; am 18. 5. 92 erhält er in Nigeria politisches Asyl.
29. 5. 92	Brot für die Welt: „Mogadischu ist ein Alptraum."

1. 6. 92	Treffen somalischer Kriegsparteien in Äthiopien; ohne Mahdi-Fraktion, angeblich elf verschiedene Gruppen.
17. 6. 92	Schreckensbericht des UN-Sonderbeauftragten Sahnoun: Täglich verhungern 5000 Kleinkinder; Desinteresse der Welt beklagt; seit Mai 23 000 Tonnen Nahrungsmittelhilfe über Hafen Mogadischu abgewickelt. dpa meldet: *5 Millionen Menschen vom Hungertod bedroht.*
22. 6. 92	Ehemaliger somalischer Botschafter fordert *militärisches* Eingreifen der Vereinten Nationen.
23. 6. 92	Ein Schiff mit somalischen Flüchtlingen strandet im Jemen.
28. 6. 92	Anläßlich seines Besuches im Jemen ruft Bundespräsident Weizsäcker zur Hilfe für somalische Flüchtlinge auf.
29. 6. 92	*Ghali gibt grünes Licht für 50 UN-Beobachter*, Soll-Einsatz am 5. 7., multinational unter Kommando des pakistanischen Generals Imtiaz Shabeen; „500“ weiter im Gespräch, aber immer noch kein Beschluß.
9. 7. 92	IKRK meldet: Lage ... völlig verzweifelt; 30 000 Tote in Mogadischu und Umgebung seit November 1991; schlimmste humanitäre Katastrophe der Welt.
15. 7. 92	Hilfswerke (Diakonisches Werk/Caritas) rufen zu Spenden für Luftbrücke auf; Lage dramatisch.
20. 7. 92	Somalischer „Ministerpräsident“ Omar Arteh Ghalib fordert 10 000 UN-Blauhelme (in Genf).
24. 7. 92	Ghali kündigt Entsendung eines technischen Teams an, um Bedarf an militärischem und zivilem Personal zu untersuchen; stellt gleichzeitig größeren Bericht vor: Einteilung Somalias in 4 Regionen und Entsendung größerer UN-Kontingente angekündigt. *50 unbewaffnete UN-Beobachter nehmen Arbeit auf!*

27. 7. 92	Sicherheitsrat billigt Vorschläge von Ghali.
28. 7. 92	Neue Allianz verschiedener Bürgerkriegsparteien gegründet, die alle die Entsendung der „500" Blauhelme ablehnen. dpa meldet: Bereits 250 000 somalische Flüchtlinge in Kenia (eine Woche zuvor Vorwürfe Ghalis, Sicherheitsrat würde sich nur um den Krieg der Reichen – Jugoslawien – kümmern).
Anfang August 92	Die somalische Katastrophe wird von Medien und Öffentlichkeit in der Bundesrepublik endlich wahrgenommen (kurz zuvor – und zum Teil auch gleichzeitig – in den übrigen westlichen Staaten). Massive Berichterstattung leitet unmittelbar im Anschluß Kehrtwende in der Politik ein.
6. 8. 92	Technische UN-Mission trifft in Mogadischu ein (23 Personen). Französischer Minister Bernard Koucher schließt Besuch in Somalia ab: „Hölle auf Erden!"
12. 8. 92	Rebellen stimmen der Entsendung der „500" Blauhelme zu; BRD gibt Entsendung von 2 Transalls bekannt sowie die Verstärkung ihrer Hilfe; irischer Außenminister David Andrews trifft am 11. 8. Aideed; Besuch insgesamt: „schrecklichste Erfahrung meiner Laufbahn, Situation wie nach einer Atombombe"; „Afrika Watch" fordert sofortige Entsendung von UN-Truppen; ohne militärische Intervention keine Chance; irischer Außenminister: „500" Blauhelme nicht genug; *Ghali gibt grünes Licht für „500", Einsatz auf Mogadischu begrenzt.*
14. 8. 92	AP: Ghali will „500" rasch entsenden (nur Pakistanis). USA kündigen Einrichtung einer eigenen Luftbrücke an; wollen den Transport der „500" pakistanischen Blauhelme nach Somalia übernehmen; 145 000 Tonnen Nahrungsmittelhilfe; Ziel: internationale Konferenz, Forderung zusätzlicher Maßnahmen des Sicherheitsrates.
15. 8. 92	*UNO beginnt mit neuer Luftbrücke.*

17. 8. 92 — 33 US-Militärs in Kenia zur Vorbereitung der Luftbrücke eingetroffen; „500“ Blauhelme sollen in ca. 10 Tagen eintreffen.

18. 8. 92 — IKRK Hubschrauber-Luftbrücke gestartet (u. a. nach Obbia).

19. 8. 92 — „Jedes 4. Kind unter 5 Jahren schon tot;“ IKRK-Mitarbeiterin: „UNO hätte Tragödie verhindern können“; ARD-„Brennpunkt“-Sendung über Situation in Somalia; Bundesrepublik stockt Hilfe um 20 Millionen Mark auf; Frankreich beginnt Luftbrücke (von Dschibuti aus).

20. 8. 92 — Die bundesdeutschen Vereine GERMAN WATCH, PRO-AFRIKA und das DRITTE-WELT-JOURNALISTENNETZ appellieren an Außenminister Kinkel, Somalia einen Besuch abzustatten und sich bei den Vereinten Nationen für eine rasche Entsendung der UN-Truppen einzusetzen; der Vorsitzende des Komitees CAP ANAMUR, Rupert Neudeck, fordert militärisches Eingreifen der UNO. „Hungerkatastrophe größer als vermutet.“

21. 8. 92 — US-Luftbrücke in den Norden Kenias (Wajir) gestartet; 300 amerikanische Soldaten im Einsatz.

22./23. 8. 1992 — Elf IKRK-Mitarbeiter in der Nähe von Kisimajo getötet.

24. 8. 92 — Der ehemalige belgische Ministerpräsident Martens fliegt für die Hilfsorganisation MSF nach Somalia.

25. 8. 92 — *Bundeswehr nimmt Flüge nach Mogadischu auf.*
Den niederländischen Entwicklungshilfeminister Jan Pronk übermannen bei seinem Bericht vor einem Parlamentsausschuß die Tränen, er hatte zuvor Somalia besucht. *Ghali schlägt die Entsendung von insgesamt 3500 UN-Soldaten vor.* Details: 4 Stationierungsorte mit je 750 Mann (Bosaso, Barbera, Kisimajo, Südwesten) plus Mogadischu (wie bereits verabschiedet).

26. 8. 92 — Interims-Präsident Ali Mahdi kündigt Friedenskonferenz

an: Alle legitimen Gruppen sollen teilnehmen; Konferenz soll innerhalb der nächsten 30 Tage stattfinden.

28. 8. 92 UNDP: Plündererbanden überfallen auch Hungernde (schon zuvor öfter gemeldet); Aideed spricht sich gegen weitere UN-Truppen aus: „Somalier müssen ihre Probleme selbst lösen." – UN soll Aufbau einer einheimischen Polizeitruppe finanzieren.
Rund die Hälfte aller Hilfsgüter sind bisher gestohlen worden. Die meisten dieser Diebstähle gehen auf das Konto der Aideed-Truppen. (Quelle: AP)
US-Luftbrücke ins Innere Somalias (Belet Huen) gestartet: Unmittelbar danach Überfälle und Plünderungen an diesem Ort. Überfall auch auf den Hafen von Mogadischu: 25 Lastwagen, 300 Tonnen Lebensmittel, ca. 32 000 Liter Sprit geraubt. Zwei unbewaffnete UN-Beobachter werden in Mogadischu angeschossen.

29. 8. 92 „Save the Children Fund" (England) übt harte Kritik an UNO: Massensterben zum Teil durch 18 Monate langes Versagen des Auslands bedingt.

30. 8. 92 *Sicherheitsrat beschließt Aufstockung der UN-Truppen auf insgesamt 3500 Mann.* Er folgt damit den Vorschlägen von Butros Ghali. Allerdings ist an eine rasche Stationierung nicht gedacht; zuerst soll die Zustimmung der Bürgerkriegsparteien eingeholt werden. – Rund 200 Millionen Mark für die UN-Truppenmission bewilligt.
Weitere Meldungen über Vielzahl von Hilfsgüter-Plünderungen.

31. 8. 92 Ehemaliger belgischer Ministerpräsident Martens nach einwöchigem Besuch in Somalia: „So schlimm wie nach dem Zweiten Weltkrieg." Er fordert den Einsatz *bewaffneter* UN-Soldaten.
Welternährungsprogramm (WEP) meldet zur Nahrungsmittelhilfe: Planziel für die nächsten drei Monate: 72 000 Tonnen Hilfsgüter; zur Zeit 68 000 Tonnen unterwegs, die Hälfte bereits im Land.

1. 9. 92 Kanada will 750 Soldaten für UN-Mission in Somalia zur Verfügung stellen. Kirchen verstärken Somalia-Hilfe (bisher 2700 Tonnen Spezialnahrung für Kinder eingeflogen. Das IKRK hat 1992 bereits mehr als 80000 Tonnen Nahrungsmittelhilfe verteilt.

2. 9. 92 Das Bundesministerium für wirtschaftliche Zusammenarbeit (BMZ) lehnt eine Sonderkommission für Somalia ab, wie sie vom entwicklungspolitischen Sprecher der SPD, Ingomar Hauchler, gefordert worden war; ansonsten keine Äußerungen über Sonderprogramm für Somalia.

3. 9. 92 IKRK stockt Hilfe auf: künftig 30000 Tonnen (bisher 22000 Tonnen) Nahrungsmittelhilfe pro Monat. Die Deutsche Welthungerhilfe startet Nothilfe für den Norden in Zusammenarbeit mit Eco terra. EG will Einsatz von 500 UN-Soldaten finanzieren, und zwar aus Entwicklungshilfegeldern für Somalia. UNO: Katastrophe noch schlimmer als bisher angenommen.

6. 9. 92 Drei EG-Außenminister in Mogadischu (GB, Dänemark, Portugal) unter Leitung von D. Hurd. U. a. Kritik an WHO (Weltgesundheitsorganisation), da sich diese bisher in Somalia nicht engagiert hat.
500 Blauhelme sollen zwischen dem 12. und 25. September eintreffen.

8. 9. 92 Zunehmende Instabilität (u. a. Banditentum) und Nahrungsmittelknappheit auch in der „Republik Somaliland" (= Nordsomalia).

9. 9. 92 Weltsicherheitsrat beschließt Einsatz von weiteren 719 UN-Soldaten; diese sollen eine logistische Einheit darstellen; *UN-Gesamtkontingent damit 4219 Mann.* Die Deutsche Welthungerhilfe fordert den Einsatz von 10000 Blauhelmen.

10. 9. 92 EG stellt 230 Millionen DM für Soforthilfe zur Verfügung; zum Teil soll damit der Einsatz belgischer Fallschirmjäger bezahlt werden (ca. 50 Millionen Mark).

13.9.92 Auch Kanada richtet Luftbrücke ein (3 Flugzeuge, ca. 70 Soldaten). Das Welternährungsprogramm (WFP) kündigt monatliche Nahrungsmittellieferungen im Gesamtumfang von *57000 Tonnen* an (davon durch WFP 36000, Rest IKRK). (Mit dieser Menge ließen sich – optimale Verteilung vorausgesetzt – 3,75 Millionen Menschen ernähren.)

14.9.92 Erste pakistanische Blauhelme treffen in Mogadischu ein. Die EG schlägt eine internationale Friedenskonferenz über Somalia in Genf vor.

15.9.92 UNO beginnt mit dem Abwurf von Lebensmitteln. In Somalia tätige Hilfsorganisationen plädieren für Einrichtung einer Schutzzone zur Versorgung der Notleidenden. 7000 Tonnen Hilfsgüter lagern im Hafen von Mogadischu: Eine Verteilung ist wegen der Sicherheitslage nicht möglich. Die unter Leitung der englischen Ministerin Lynda Chalker nach Somalia gereiste EG-Delegation erklärt: nur massiver Einsatz von UN-Truppen kann eine Lösung bringen.

16.9.92 USA stationieren 2400 Soldaten vor Küste Somalias. Mehrere afrikanische Staaten wollen sich mit Truppen an UN-Blauhelme-Mission beteiligen.

17.9.92 *Im Grenzgebiet Nordostkenias herrscht „Kriegszustand“*: Bewaffnete Banden aus Somalia verbreiten Terror und Gewalt; Transporte nur noch mit Militärkonvois möglich; unter den Bewaffneten viele Anhänger des gestürzten Präsidenten Siyad Barre.
2400 Marineinfanteristen auf 4 Kriegsschiffen der USA vor Küste Somalias stationiert; sie sollen logistische Hilfe leisten für den Transport von Blauhelmen.

18.9.92 *UN-Blauhelme-Mission, neue Details:* Österreich, Belgien, Kanada und Ägypten sollen je 750 Mann stellen, außerdem Pakistan 500 Mann; 7 50er-Kontingente nicht vor Ende Oktober im Einsatz; keine Aussagen über Zusammensetzung der zusätzlichen logistischen Einheit von 719 Mann.
Ein US-Flugzeug gerät in Belet Huen in Schußwechsel; Die Luftbrücke wird daraufhin zunächst eingestellt.

19.9.92 Das IKRK versorgt täglich durch 650 Küchen 1,1 Millionen Menschen. Bürgerkriegsgeneral Aideed kehrt aus Bardera nach Mogadischu zurück.

20.9.92 *Saudi-Arabien* richtet Luftbrücke ein.

22.9.92 *Neue Überfälle* auf Hilfsgüter; schätzungsweise ist die Hälfte aller Hilfslieferungen 1992 geplündert worden.
Die Vereinten Nationen laden für den Oktober zu einer Somalia-Konferenz nach Genf ein.
Kenia plant, somalische Flüchtlinge – *mittlerweile über 300 000* – zurückzuschicken.

23.9.92 Hilfsflüge geraten durch Regenfälle ins Stocken (viele Landebahnen sind Pisten).

28.9.92 UN-Sonderbeauftragter startet Rundreise zu ostafrikanischen Regierungen, um international gestützte Somalia-Konferenz vorzubereiten.

29.9.92 Bundeswehr unternimmt 100. Flug nach Somalia (von Mombasa aus).
500 pakistanische Blauhelme vollzählig in Mogadischu. (Sie sollen in einer Woche einsatzbereit sein). Dieses Kontingent war am 24. 4. 92 – *also fünf Monate zuvor* – grundsätzlich beschlossen worden!
Im Zentrum der Katastrophe (Baidoa) sterben mehr Menschen als beim Beginn der Luftbrücke.
25 Menschen werden beim Kampf um Hilfsgüter in der Küstenstadt Brava getötet.

1.10.92 Bürgerkriegsparteien der Bosaso-Region stimmen Einsatz von 750 kanadischen Blauhelmen in ihrem Gebiet zu.

2.10.92 UNO lädt zu *Somalia-Hilfskonferenz* am 12. und 13. Oktober in Genf ein; dabei soll ein 100-Tage-Plan erörtert werden. Angeblich plant UNO, bis zum Jahresende *200 000 Tonnen Nahrungsmittel* nach Somalia zu bringen. Ein von Kenia aus geplanter Landtransport muß wegen anhaltender Kämpfe verschoben werden.

5. 10. 92 *UN-Sonderbeauftragter Sahnoun erklärt:* Hungerkatastrophe hat Höhepunkt noch nicht erreicht; zur Versorgung notwendige Mindestmenge beträgt 50 000 Tonnen pro Monat; weite Teile Somalias von Hilfe nach wie vor ausgeklammert; Gesellschaft Somalias in „1000 Teile zerbrochen“; nur 10 bis 12 Krankenhäuser im ganzen Land in Betrieb (also ein Krankenhaus für ca. 650 000 bis 800 000 Menschen).
IKRK: Täglich sterben mehr als 1000 Menschen an den Folgen von Hunger und Krieg. Größte Hilfsorganisation des IKRK seit dem Zweiten Weltkrieg.
Irische Präsidentin kritisiert nach Besuch in Somalia EG wegen verspäteter Hilfe und wirft UN-Organisationen erschreckende Koordinationsfehler vor; plädiert außerdem für unverzüglichen Einsatz der restlichen UN-Truppen; bricht bei Bericht in Tränen aus.

6. 10. 92 Luftbrücke nach Mogadischu seit 5. 10. wegen Kämpfen unterbrochen, soll am 7. 10. wieder aufgenommen werden. Im Laufe der letzten Wochen waren die verschiedenen Luftbrücken mehrmals unterbrochen worden.

Zwischenresümee: Acht Wochen nachdem die internationale Gemeinschaft auf die somalische Katastrophe aufmerksam geworden ist, zeichnet sich deren Lösung immer noch nicht ab.

Zu diesem Zeitpunkt sterben – nach Angaben der Hilfsorganisationen – eher mehr Menschen als zuvor. Folgt man dem IKRK, dann fordert die somalische Katastrophe im Herbst 92 *30 000 Tote pro Monat!*

7. 10. 92 Irische Staatspräsidentin fordert nach Besuch in Somalia mehr Hilfe für das Land.

12./13. 10. 1992 *UN-Sonderkonferenz über weitere Hilfe für Somalia in Genf*
100-Tage-Sofortprogramm im Kostenrahmen von 82 Mio. US-Dollar geplant; Sonderbeauftragter Sahnoun schätzt die Zahl der bereits Gestorbenen auf 300 000 (während der letzten 18 Monate) und beklagt gleichzeitig gravierende Versäumnisse seitens der UNO; ein neues Programm soll 100 000 Tonnen Nahrungsmittelhilfe nach Somalia bringen (15 000 Tonnen per Luft, Rest über Seehäfen).

13. 10. 92 *Neuer Krieg im Südwesten Somalias.*
Anhänger Siyad Barres (SNF) unter Führung seines Schwiegersohnes General Morgan erobern Bardera. Zuvor waren ausländische Helfer evakuiert worden, die in und um Bardera 210 000 Menschen versorgten. General Morgan kündigt weiteren Vormarsch auf die Stadt Baidoa an.

14. 10. 92 500 Blauhelme zwar in Mogadischu, aber nicht im Einsatz. Interimspräsident Ali Mahdi geht Bündnis mit General Morgan ein. Aideed scheint geschwächt, da sich einige Bürgerkriegsparteien wieder von seiner „Allianz" losgesagt haben.
Konfliktverschärfung im Norden Somalias.
Heftige Kämpfe während der letzten Wochen, Anarchie greift um sich.

16. 10. 92 Ehemaliger australischer Ministerpräsident fordert nach Besuch in Somalia den Einsatz von *15 000 UN-Soldaten.*

18. 10. 92 Truppen Aideeds sollen einen *Gegenangriff* auf das von der SNF eroberte Bardera gestartet haben.

19. 10. 92 *Die Bundeswehr* gibt bekannt, daß eine ihrer beiden Transalls auf dem Flughafen Mogadischu beschossen wurde; daraufhin deutsche Luftbrücke zunächst unterbrochen.

21. 10. 92 Flughafen von Mogadischu für zwei Tage geschlossen, da „Banden" Landegelder erpressen wollen. Die 500 Blauhelme haben Kontrolle des Flughafens noch nicht übernommen, obwohl dies der Auftrag ist.

23. 10. 92 Luftbrücke nach Bardera wird wieder aufgenommen und am gleichen Tag wieder eingestellt, nachdem Bundeswehr-Maschine mit Panzerfaust angegriffen worden ist.

26. 10. 92 *Nach erneuten Angriffen* werden Luftbrücken nach Baidoa und Kisimajo unterbrochen. Wegen der unzureichenden Hilfe steigt die tägliche Todesrate in Bardera von 20 auf 200.

27. 10. 92 Acht Bürgerkriegsparteien schließen sich zu einem militärischen Bündnis gegen das Lager General Aideeds zusammen.

28. 10. 92 Die schwedische Regierung will wegen fehlender Gelder keine Truppen für UNO-Einsatz in Somalia stellen.

29. 10. 92 Der irakische Kurde Ismat Kittani wird zum neuen UN-Sonderbeauftragten für Somalia ernannt.

30. 10. 92 Angebliche Debatten im UN-Generalsekretariat über eine mögliche *Treuhandschaft* der Vereinten Nationen über Somalia.

11. 11. 92 *UNO-Blauhelme* übernehmen endlich Kontrolle über Flughafen in Mogadischu. (Sie waren am 29. September zu diesem Zweck in Somalia eingetroffen.)

13. 11. 92 Ein großer Hilfsgütertransport wird auf dem Weg nach Baidoa angegriffen, vermutlich 40 Tote.

14. 11. 92 Pakistanische UN-Soldaten werden am Flughafen Mogadischu von Aideed-Truppen angegriffen. Sie erwidern das Feuer. Am gleichen Tag befreien 70 UN-Soldaten mit Waffengewalt ausländische Helfer, die in einen Hinterhalt geraten waren.

16. 11. 92 Die Nachrichtenagentur Reuter meldet, daß die *islamischen Fundamentalisten* in Somalia zunehmend an Boden gewinnen. Erst jetzt wird bekannt, daß die fundamentalistische Bewegung „Ittahad" im Juni 1992 Bosaso im Norden angegriffen hat; dabei soll es Hunderte von Toten gegeben haben.

18. 11. 92 In Aden (Jemen) kommt nach langer Irrfahrt ein somalisches Schiff mit 2500 bis 3000 Flüchtlingen aus Somalia an; Schiff war in Merca gekapert worden.
Ein russisches Schiff mit 10 000 Tonnen Hilfsgütern wird durch Beschuß daran gehindert, in den Hafen Mogadischus einzulaufen.

19. 11. 92	UNO kündigt *Krisenkonferenz* über Somalia an; diese soll am 3. und 4. Dezember in Addis Abeba unter Beteiligung aller Bürgerkriegsparteien stattfinden; es soll dabei jedoch nur über „humanitäre Fragen" verhandelt werden; eine nationale Versöhnungskonferenz könne erst nach einigen Monaten folgen.
22. 11. 92	Drei mit 22 000 Tonnen Getreide beladene Schiffe können im Hafen von Mogadischu wegen der Sicherheitslage nicht ausgeladen werden. Sophia Loren besucht als Goodwill-Botschafterin des UNHCR Baidoa.
24. 11. 92	Ein UN-Schiff wird beim Einlaufen in den Hafen Mogadischus von einer Granate getroffen.
25. 11. 92	UN stoppt Hilfslieferungen per Schiff nach Mogadischu. Die französische Nachrichtenagentur AFP meldet: „Internationale Hilfe für Somalia nahezu eingestellt."
26. 11. 92	UN-Sicherheitsrat diskutiert über eine Änderung des Blauhelme-Mandats für Somalia (Waffengebrauch). Der Fernsehsender CNN berichtet, *die USA seien bereit, bis 30 000 Soldaten nach Somalia zu entsenden.* Der amerikanische Außenminister soll dieses Angebot bereits der UNO unterbreitet haben. Im Sicherheitsrat herrscht nun Einstimmigkeit darüber, daß man gegen das Bandenwesen in Somalia *hart* vorgehen muß.
27. 11. 92	Amerikanische Regierung *bestätigt* CNN-Meldung vom Vortag. *Während der letzten Wochen gingen 80 % der internationalen Hilfe durch Überfälle und Diebstähle verloren.*
28. 11. 92	Präsident Bush telefoniert mit den verbündeten Regierungschefs, um sie für die Unterstützung des US-Truppeneinsatzes in Somalia zu gewinnen.
29. 11. 92	*Die Anführer der beiden Haupt-Bürgerkriegs-Lager (Ali*

Mahdi und Aideed) geben ihre Zustimmung zum Einsatz der US-Truppen.

30. 11. 92 Ein hoher US-Beamter sagt, daß vermutlich ein *„UNO-Protektorat"* über Somalia notwendig sei, um neue staatliche Strukturen aufbauen zu können.
Butros Ghali plädiert mit großem Nachdruck für einen Militäreinsatz in Somalia: Es gibt keine Alternative dazu.

1. 12. 92 Im UN-Sicherheitsrat wird erwogen, in Somalia eine Autorität nach dem Muster der UN-Übergangsverwaltung für Kambodscha einzurichten.

2. 12. 92 Internationale Konferenz der UN über humanitäre Hilfe für Somalia wird wie geplant vom 3. bis 5. 12. in Addis Abeba stattfinden. Aideed und Vertreter der selbst ernannten Republik Somaliland nehmen nicht teil.

3. 12. 92 Drei US-Kriegsschiffe mit etwa 1800 Marineinfanteristen an Bord erreichen Gewässer an der somalischen Küste.

4. 12. 92 *UN-Sicherheitsrat billigt Entsendung einer multinationalen Truppe, um die Versorgung der notleidenden Bevölkerung Somalias notfalls mit Waffengewalt durchzusetzen* (nach amerikanischer Zeitrechnung am 3. 12. spätabends).
Die wichtigsten Einzelheiten der Entscheidung:

- die Truppen werden ermächtigt, „alle erforderlichen Mittel" zu ergreifen, damit Hilfsmaßnahmen realisierbar werden;
- die internationalen Truppen handeln *im Auftrag* des UN-Sicherheitsrates, stehen aber unter dem Oberkommando der USA. Ein *UN-Verbindungsstab* wird beim Oberkommando vor Ort eingerichtet. Alle 14 Tage legt der Generalsekretär dem Weltsicherheitsrat einen Bericht über den Einsatz vor;
- ein *Zeitrahmen* für den Einsatz wurde *nicht* vorgegeben;
- die Kosten werden durch einen UN-Sonderfonds, der neu einzurichten ist, finanziert.
- der Einsatz soll ausschließlich humanitären Zwecken dienen.

Anmerkung: Schon vor dem Beschluß des Weltsicherheitsrates stand fest, daß sich Frankreich und Italien mit eigenen Truppen beteiligen würden.
In Bonn entbrennt heftiger Streit zwischen den Regierungsparteien und der SPD über die Beteiligung der Bundeswehr an internationalen Truppeneinsätzen auf Geheiß des Weltsicherheitsrates.

Bush erteilt Einsatzbefehl an Truppen. Gibt bekannt, daß *US-Soldaten durch friedenssichernde UN-Truppen abgelöst werden,* sobald Versorgung der Bevölkerung gewährleistet ist. Der Truppeneinsatz läuft unter dem Namen „Operation Restore Hope".
Clinton: „Ich begrüße die Führerschaft von Präsident Bush in dieser wichtigen humanitären Anstrengung."

5. 12. 92 Generalstabschef Collin Powell rechnet damit, daß die US-Soldaten erst nach *zwei bis drei* Monaten wieder zurückkehren.
UN-Generalsekretär Butros Ghali: „Wir wünschen, daß auch deutsche Soldaten an UN-Friedensmissionen teilnehmen."
In Addis Abeba geht die UN-Konferenz über humanitäre Hilfe für Somalia zu Ende. Die somalischen Konferenzteilnehmer begrüßen den Truppeneinsatz; Agenturen berichten *nichts* über das eigentliche Thema des Treffens.

6. 12. 92 *Fundamentalistische islamische Gruppen verurteilen* den Truppeneinsatz als Fortsetzung des Krieges der USA gegen den Islam.
Bundesaußenminister Kinkel erklärt, Deutschland werde im Rahmen seiner Möglichkeiten alles tun, um die UNO bei ihren Hilfsaktionen zu unterstützen.
Ein Teil der marodierenden Banden zieht aus Mogadischu ab; bewaffnete Auseinandersetzungen in Provinzstädten und in den ländlichen Regionen; Bandenterror gegen ausländische Hilfsorganisationen abermals verschärft.

7. 12. 92 Die Nachrichtenagentur Reuter meldet: „Orgie der Gewalt in Somalia."
Bundeswehr will *ein* weiteres Flugzeug für humanitäre Luftbrücke zur Verfügung stellen.

US-Sonderbotschafter Oakley zu Vorgesprächen mit Bürgerkriegsparteien in Mogadischu.

8. 12. 92 Rund 35 Staaten haben Hilfe für Operation Restore Hope zugesagt.

9. 12. 92 *„Operation Restore Hope“ beginnt:* Im Laufe des Tages gehen etwa 1800 US-Marineinfanteristen an Land. Sie übernehmen – ohne auf Widerstand zu stoßen – die Kontrolle des Flughafens und des Seehafens sowie strategischer Punkte in der Stadt. – Eine Vorhut der französischen Truppen trifft ebenfalls ein. Die Bevölkerung Mogadischus begrüßt die angelaufene Intervention.
Verteidigungsminister Volker Rühe gibt bekannt, daß das Kabinett *noch keine konkreten* Beschlüsse über Somalia-Einsatz gefaßt hat.
Im südsomalischen Kisimajo werden bei Kämpfen rivalisierender Clans 60 Menschen getötet.
Butros Ghali kündigt einen *Aktionsplan* an, wie Somalia aus seinem politischen Chaos herausgeführt werden soll. Es sei jedoch *noch zu früh*, über ein UN-Mandat über Somalia zu reden.

10. 12. 92 Bei einem Zwischenfall werden zwei Somalis von französischen Soldaten erschossen.
Butros Ghali kündigt ein *informelles Treffen am 4. 1. 93* in Addis Abeba an, bei dem mit den Milizführern und Clan-Repräsentanten über die *Vorbereitung einer nationalen Versöhnungskonferenz* gesprochen werden soll. *Ghali will selbst an diesem Treffen teilnehmen.*

11. 12. 92 *Treffen der Bürgerkriegsgegner Ali Mahdi und Aideed in der amerikanischen Botschaft unter Vermittlung des US-Sonderbeauftragten Oakley.* Vereinbaren Waffenstillstand und umarmen sich anschließend vor laufenden Kameras. Außerdem wird vereinbart: Kämpfer sollen sich innerhalb von 48 Stunden aus der Hauptstadt zurückziehen; die Demarkationslinie in Mogadischu soll aufgehoben werden; Einstellung der feindseligen Propaganda.
Erste italienische Soldaten treffen in Mogadischu ein.

In verschiedenen Orten Somalias dauern die bewaffneten Auseinandersetzungen an.
Bundeswehr will die Zahl der Transallmaschinen (Hilfsgüter-Luftbrücke) von zwei auf acht erhöhen.

12. 12. 92 Überfälle dauern in jenen Stadtteilen Mogadischus an, die noch nicht von den Eingreiftruppen kontrolliert werden.

13. 12. 92 Amerikanische Einheiten rücken ins Landesinnere vor. Ziel ist Übernahme des Flughafens Bali Dogle, etwa 100 Kilometer von Mogadischu entfernt.
Bundesverteidigungsminister Rühe spricht sich im ZDF dafür aus, Pioniere, Fernmelder und Sanitäter der Bundeswehr *ab etwa Ende Januar 1993* in Somalia einzusetzen.

Insgesamt sind bis zu diesem Zeitpunkt nur wenig mehr als 3000 der insgesamt beschlossenen 28 150 amerikanischen Soldaten im Land. Vorrücken ins Katastrophenzentrum von Baidoa wird noch einige Tage dauern. Bis zur vollständigen Etablierung der Hilfsgüterkorridore und Schutzzonen werden noch mindestens zwei bis drei Wochen vergehen.

Literatur

Africa Watch, No Mercy in Mogadishu, März 1992, zu beziehen über Africa Watch, 90 Borough High Street, London SE1 1LL, England.

A. M. Aves und K.-H. Bechtold (Hrsg.), Somalia im Wandel, Entwicklungsprobleme und Perspektiven am Horn von Afrika, Tübingen 1987.

Maria Bongartz, Somalia im Bürgerkrieg, Ursachen und Perspektiven des innenpolitischen Konflikts, Institut für Afrika-Kunde, Hamburg 1991.

Stefan Brüne und Volker Matthies (Hrsg.), Krisenregion Horn von Afrika, Institut für Afrika-Kunde, Hamburg 1990.

Rolf Hofmeier und Volker Matthies (Hrsg.), Vergessene Kriege in Afrika, Göttingen, Juni 1992.

Volker Matthies, Der Grenzkonflikt Somalias mit Äthiopien und Kenia, Institut für Afrika-Kunde, Hamburg 1977. (Enthält umfangreiche Informationen zur Kultur und Geschichte des somalischen Volkes)

Volker Matthies, Äthiopien, Eritrea, Somalia, Dschibuti – das Horn von Afrika, Taschenbuch, München 1992.

Physicians für Human Rights, Hidden Enemies – Land Mines in Northern Somalia, Nov. 1992, zu beziehen über Medico International, Frankfurt.

Statistisches Bundesamt, Länderbericht Somalia 1991, Wiesbaden 1991.

Nurudin Farah, Staatseigentum (Roman), Königstein 1980; ders., Aus einer Rippe gebaut (Roman), Bornheim-Merten 1986.

Manfred H. Obländer (Hrsg. im Auftrage der Deutsch-Somalischen Gesellschaft), Somaliade. Poesie aus dem Land der Punt. Gesammelt und übertragen von Werner Keweloh, mit Zeichnungen von Peter Giesel, Bonn 1971.

Weitere Informationen sind zu erhalten bei:

Diakonisches Werk (Caritas), Postfach 10 11 42, 7000 Stuttgart 10; für JournalistInnen und Redaktionen: Dort ist auch eine Satelliten-Telefonnummer des Büros der Kirchen in Mogadischu zu erfahren.

Deutsch-Somalische Gesellschaft e. V., Postfach 12 03 23, 5300 Bonn 1.

HELP e. V., Kaiserplatz 3, 5300 Bonn 1.

The Horn of Africa Bulletin (erscheint zweimonatlich in englisch), zu bestellen bei: Life & Peace Institute, P. O. Box 297, 75105 Uppsala, Schweden.

Informationsstelle Horn von Afrika (eingerichtet von der Evangelischen Kirche Deutschlands), Leiter Manfred Drewes, Rüngsdorfer Str. 1b, 5300 Bonn 2.

Institut für Afrika-Kunde, Neuer Jungfernstieg 21, 2000 Hamburg 36.

International Press Service (ips), Nachrichtenagentur, Pressehaus II, Heussallee 2–10, 5300 Bonn 1.

Somali-Beistandskomitee, c/o: Mustafa Y. Ismail, Rodental 46, 3406 Reyershausen. Dort sind u. a. weitere Adressen von somalischen Initiativgruppen in der BRD zu erhalten.

SOS-Kinderdorf, c/o: Hermann-Gmeiner-Fonds, Menzinger Str. 23, 8000 München 19.

Danksagung

Mit Auskünften, Informationsmaterial und beratenden Hinweisen waren in besonderer Weise behilflich:

Roland Schmitt und Anna Sophie Comperl, SR-Bibliothek und Pressearchiv

Gerd Hagmeyer-Gaverus, SIPRI, Stockholm

Klaus Holderbaum, Auswärtiges Amt, Referat Humanitäre Hilfe

Herr Pfeifer, Auswärtiges Amt, Pressereferat

Abdulkadir Hamdan, International Islamic Relief Organization, Lennestadt

Angelika Beer, „Minen-Kampagne", Neumünster

Die Organisationen: IKRK und DRK, SOS-Kinderdorf, Diakonisches Werk/Caritas, HELP e. V., Deutsche Welthungerhilfe, Somalia-Beistandskomitee, FAO und WFP in Rom, Save the Children Fund in Hargeisa.

Besonderer Dank gilt auch meiner Mitarbeiterin Brigitte Hesidenz für das rasche Erstellen des getippten Skriptums und alle damit verbundenen Arbeiten.

Der Autor

Walter Michler, geboren 1949, Studium der Philosophie, Theologie und Erziehungswissenschaft, war von 1977 bis 1984 Mitglied des Bundesvorstands der Hilfsorganisation Terre des Hommes. In dieser Eigenschaft initiierte und betreute er zahlreiche Hilfsprogramme in Asien und Afrika sowie in der umkämpften Westsahara. Seit 1978 arbeitet er hauptberuflich als Journalist und berichtet ausschließlich über die Dritte Welt, zunächst nur für überregionale Zeitungen, dann auch für den Rundfunk der ARD und verschiedene Fernsehsender. Er hat zahlreiche Reisen ins Ausland unternommen, unter anderem war er insgesamt drei Jahre lang in 30 afrikanischen Staaten. Walter Michler arbeitet außerdem als Referent in der Ausbildung von Fachkräften der Entwicklungszusammenarbeit sowie als Berater nichtstaatlicher Hilfsorganisationen. Er hat mehrere Bücher für die Deutsche Welthungerhilfe und die Deutsche Stiftung für Internationale Entwicklung geschrieben. Bei Dietz erschien 1986 sein „Weißbuch Afrika“, das als meistverkauftes Afrika-Buch auf dem deutschen Buchmarkt inzwischen in der dritten Auflage vorliegt.

Das „Weißbuch Afrika“ wurde 1986 als „Das politische Buch des Jahres“ ausgezeichnet. 1985 und 1991 erhielt Walter Michler den vom Bundespräsidenten verliehenen Journalistenpreis Entwicklungspolitik. Mit diesem – jährlich an mehrere Autoren vergebenen – Preis werden Leistungen ausgezeichnet, „die durch ihre außergewöhnliche Qualität dazu beitragen, das Bewußtsein der deutschen Öffentlichkeit für die Notwendigkeit der partnerschaftlichen Zusammenarbeit zwischen Industrie- und Entwicklungsländern zu fördern.“

Walter Michler ist Sprecher des DRITTE-WELT-JOURNALISTENNETZES und Gründer der Initiative PRO AFRIKA, eines Vereins, der ausschließlich politische Lobby-Arbeit zugunsten Schwarzafrikas leisten will.

Walter Michler wohnt in Schwalbach/Saar.